Friesenpferde

Foto: Slawik

FRIESENPFERDE

Reiten Fahren Halten

Petra van den Heuvel

CADMOS
PFERDEBÜCHER

Aus dem Niederländischen von Heike Höpner.

Cadmos Verlag Lüneburg

Gestaltung: Ravenstein Brain Pool
Coverfoto: Stuewer
Druck: Westermann Druck Zwickau

Printed in Germany

ISBN 3-86127-350-0

Inhalt

Oerurven kriich mei digerens bimongen

Yn it ûnleech soms mar nea fan 't plak forkrongen.

Sjuch Fries en frjemdling hjir jimm' niget oan

Sa'n trou, sa'n faesje, sokke sterke gongen.

Freark Dam (Friesisch).

Hoe ooit belaagd, zijn adel bleef bewaard

Kracht bleef aan moed en energie gepaard.

Gij, Fries en vreemdeling, aanschouw dit wonder

Die sterke gang, die trouw, die tomeloze vaart.

Ins Niederländische von Freark Dam.

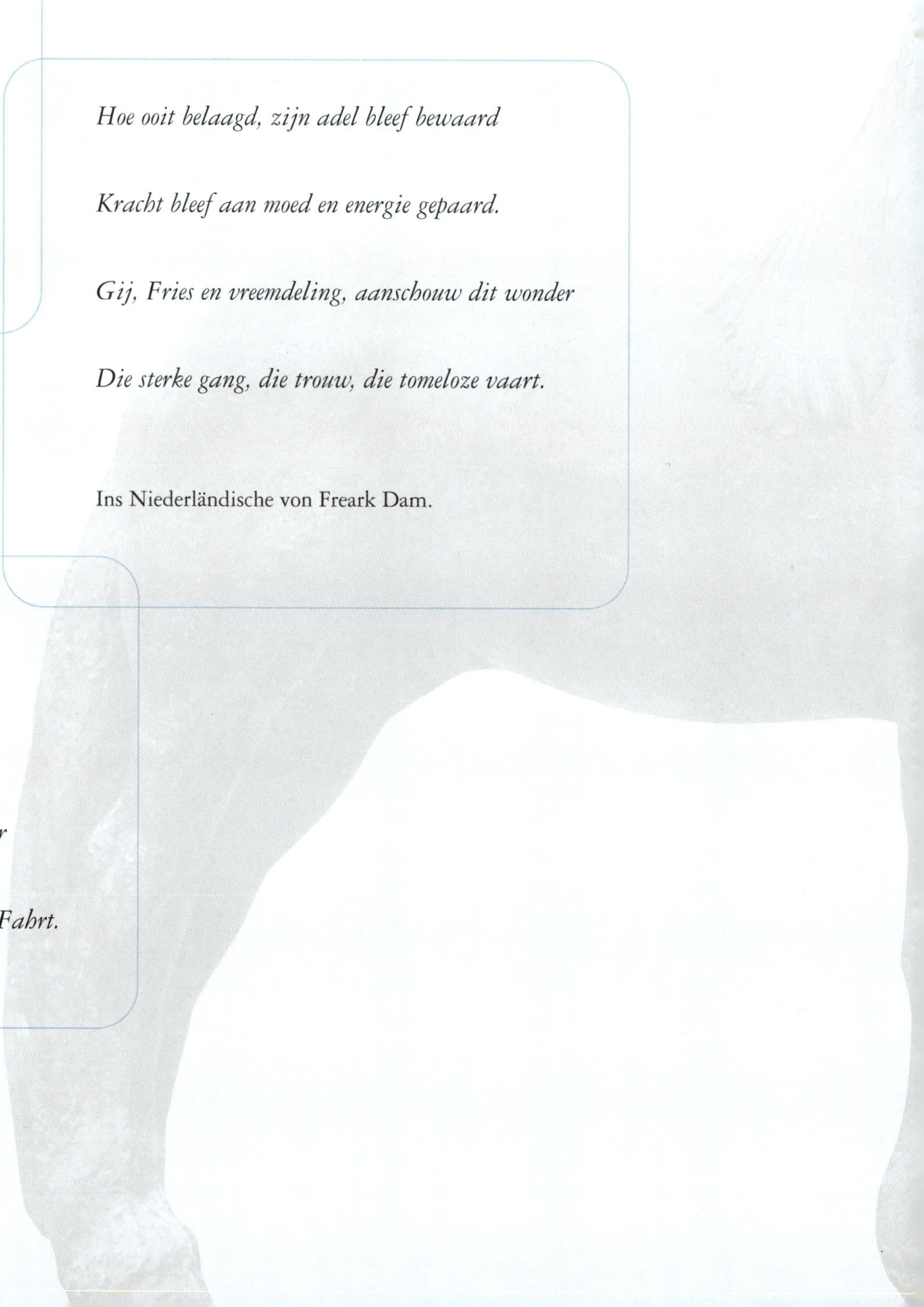

Wie sehr bedrängt, sein Adel blieb bewahrt

Kraft blieb mit Mut und Energie gepaart.

Du, Friese und Fremder, schau dies Wunder

Der starke Gang, die Treue, die brausende Fahrt.

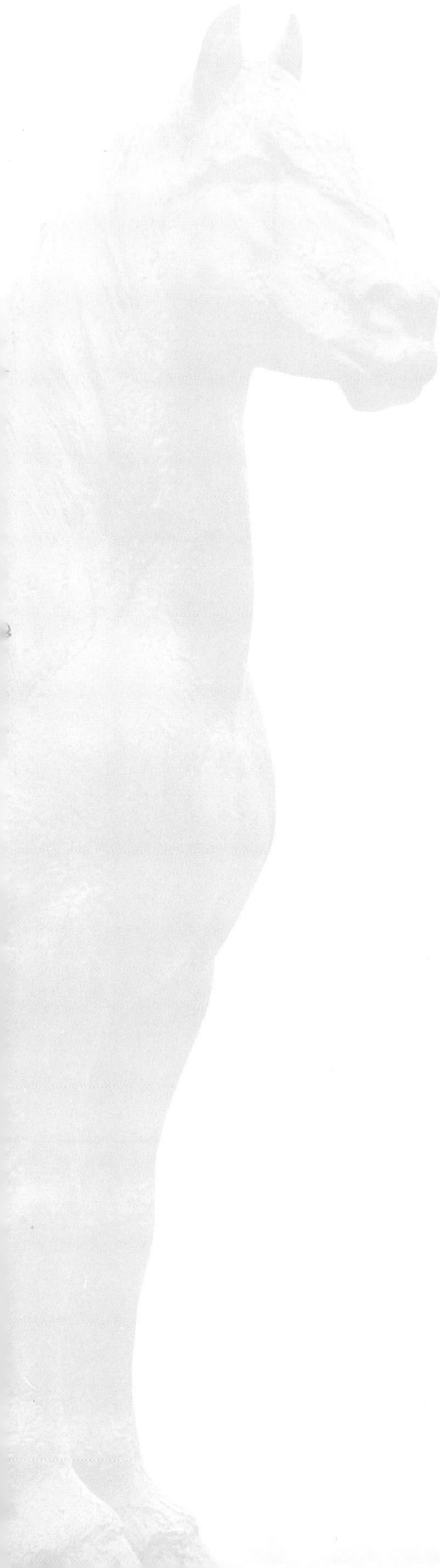

Dies prächtige Sonett vom friesischen Dichter Freark Dam ziert den Sockel des Friesenhengst-Standbildes im Herzen von Leeuwarden. In diesem Vierzeiler liegt die Essenz, die ganze Geschichte der Rasse.

Bei mir weckt es Emotionen, ein Beben aus tiefstem Innern, so wie Worte ein nicht zu beschreibendes Gefühl hervorrufen können. Sie bringen Bilder vor mein geistiges Auge, von diesem einzigartigen schwarzen Pferd, dem Friesen. Von trabenden, schwarzen Majestäten mit erhabenen Gängen auf der Weide. Von meiner verstorbenen Xerxina Model, wie sie die Schweifwurzel von Klein-Hiskelien leckt, während sie säugt. Von Mark 232 Preferent, wie er bei der Jubiläumskörung 1979 inmitten seiner zig Töchter unbeweglich über alle herausragend sein Königreich überschaut. Und Bilder von seinem auch Preferent erklärten Sohn und Enkel, Hearke und Reitse, Schulter an Schulter im Trab auf zahllosen Hengstkörungen, umjubelt von Tausenden.

Meine erste Bekanntschaft mit Friesenpferden machte ich in Den Helder, meiner Geburtsstadt. Die Firma Bethlehem lieferte Heizöl mit einem Wagen, vor den zwei große schwarze Pferde gespannt waren. Ich war noch klein und wusste nicht, dass es Friesenpferde waren. Ich wusste auch nicht, dass sie später eine so große Rolle in meinem Leben spielen sollten. Doch sehe ich dieses Gespann noch lebendig im Geist vor mir, rieche ich noch den besonderen Geruch, sehe ich noch die große Pfütze auf der Straße, als die Schweife gehoben wurden.

Näher lernte ich das schwarze Gold auf vier Beinen kennen, als ich Jahre später in Friesland wohnte, in einem kleinem Dörfchen, das Blessum heißt. Ein Nachbar nahm mich mit in seinen Stall. Dort schaute ich in die großen braunen Augen einer für mein Gefühl enormen schwarzen Erscheinung. Das war Amalia, eine Friesen Ster-Stute, Vater Doede 178. Von dem Moment an war ich verloren, eine Leidenschaft, die bis da ruhig geschlafen hatte. Ich kann dieses Gefühl nur beschreiben als ein Band, das zwischen dem großen schwarzen Pferd und mir gelegt wurde, mit festen Knoten verankert, eine Verbindung, die nicht mehr unterbrochen werden kann.

So fühlt es sich noch immer an, und gilt gleichermaßen für das eigensinnige Stückchen Land, das Friesland heißt. Mit seinen Menschen, eigener Sprache, eigener Kultur, den feinen Düften einer weiten Landschaft und vor allem dieser einzigartigen Pferderasse mit ihrer durch die Jahrhunderte bewegten Geschichte. Bewundert, verschmäht, verkauft, verwahrlost und dann wieder geliebt, aus tiefen Tälern immer wieder hoch gekrabbelt. Gerade mal vor dreißig Jahren lag das Friesenpferd im Sterben. Nun trabt es, pechschwarz, stolz, fürstlich, auf allen Kontinenten, und acht von ihnen bringen in jedem Jahr ihre Schirmherrin, I. M. Königin Beatrix mit der goldenen Kutsche zur Parlamentseröffnung in den Rittersaal.

Dies Buch ist dann auch gewidmet der damals sechzehnjährigen Amalia 4606 Ster. Sie verband mich 1974 für immer mit einer lebenden Geschichte auf vier Beinen: dem Friesenpferd.

Blessum, Sept. 2000
Petra van den Heuvel

Foto: Stuewer

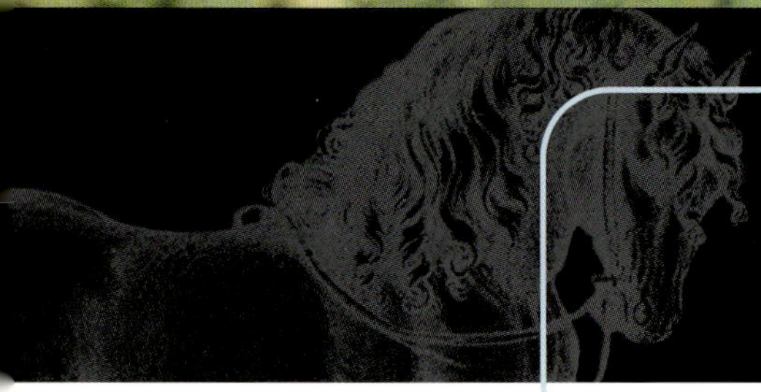

GESCHICHTE

Die Geschichte des Friesenpferdes bis ca. 1960

Der römische Geschichtsschreiber Tacitus schrieb es bereits im ersten Jahrhundert nach unserer Zeitrechnung: „Die Friesen schlichten ihre Meinungsverschiedenheiten durch den Austausch eines zahmen Pferdes". Auch erhielten ihre Kinder als Hochzeitsgeschenk häufig ein Pferd. Ob es nun schwarz war, berichtet Tacitus nicht.

Bauern, Händler, Fischer und Schiffsbauer bewohnten im Mittelalter das wasserreiche Friesland. Um keine nassen Füße zu bekommen, lebten sie auf Wurten, den künstlichen Erhöhungen in der Landschaft. Auf eingedeichtem Land graste das Vieh und wurden Nutzpflanzen angebaut. Fischfang und Bootsbau gab es natürlich an der

Küste. Die Ernte, aus fruchtbaren Böden, wurde häufig auf abenteuerlichen Wegen bis nach England verschifft. So hatten die Friesen bereits im achten Jahrhundert einen Handelsposten in York. Doch es gab noch mehr, denn sie züchteten auch Pferde. Sicher ist, dass das Friesenpferd von heute der letzte Vertreter des ursprünglich westeuropäischen Pferdes ist, das es im Mittelalter überall gab.

Frieslands Bewohner mussten damals selbstverständlich ohne all unsere neuzeitlichen Errungenschaften auskommen. Einige Orte in Friesland waren bis weit ins zwanzigste Jahrhundert nur schwer zu erreichen. So erzählt Gerard Roorda (geb. 1926) aus Wijtgaard bei Leeuwarden, früher im Vorstand und Mitglied der Jury der Königlichen Vereinigung „Het Friesch Paarden-Stamboek", wie er als Vierzehnjähriger von seinem Vater Watze Roorda mit ihrer berühmten und temperamentvollen Stute Pleuntje 1641 Model und Preferent zum Hengst mußte. Pleuntje wurde vor einen roten, zweirädrigen Karren gespannt. Der junge Gerard bekam Brot und etwas zu trinken in ein sauberes Geschirrhandtuch gewickelt mit. Morgens um fünf Uhr fuhr er mit der rossigen Stute los. Die Fahrt ging vorwiegend im Schritt ins circa 25 Kilometer entfernte Ypecolsga. Auf der Deckstation von Familie De Vries stand Obscurant 150 Preferent. Pleuntje wurde gedeckt, und nach den damaligen Regeln musste sie nach der Bedeckung eine Stunde still stehen. Die Rückfahrt musste im Schritt erfolgen. Traben war absolut verboten, denn sonst könnte Pleuntje doch das wertvolle Sperma verlieren. Abends spät, nach mehr als 50 Kilometern, waren die zwei wieder zu Hause. Viele Stutenbesitzer machten dies in der ersten Hälfte des zwanzigsten Jahrhunderts genauso wie die Roordas. Natürlich kam es auch vor, dass man erst beim Hengst bemerkte, dass die Stute nicht richtig rosste. Also zurück, um sich ein paar Tage später wieder auf den Weg zu machen.

Kreuzritter

Im Mittelalter dauerte es Tage, meistens Wochen oder Monate, bevor Neuigkeiten die Städte und Dörfer erreichten. Vielleicht, weil Friesland selbst für die Niederländer weit ab lag, konnte sich hier durch die Jahrhunderte hin eine besondere Pferderasse entwickeln, Pferde, die schon damals häufig schwarz waren mit stolzer Haltung, schön geschwungenem Hals, kleinem Kopf, großen Augen, üppiger Mähne und Schweif, üppigem Fesselbehang an den vier Beinen, einem freundlichen intelligenten Wesen mit fürstlichem Trab und der für die Rasse so charakteristischen Knieaktion.

Das Friesenpferd, benannt nach der Provinz, die es hervorbrachte. Die Geschichte dieser Rasse hat so viele Parallelen zu diesem eigensinnigen Stückchen Land. In der langen Geschichte des Friesenpferdes wurden beide sowohl gerühmt als auch verschmäht, doch immer haben sie ihr Wesen bewahrt.

Während der Kreuzzüge verwendeten die Ritter neben anderen Pferden auch Friesenhengste. Sie waren groß und stark und das mussten sie auch sein. Ritter und Rüstung brachten häufig mehr als zweihundertfünfzig Kilo auf die Waage. Der Weg nach Jerusalem war weit. Unterwegs mussten sie einige Scharmützel bestehen und das bedeutete für das Streitross des Ritters nicht nur Ausdauer, sondern auch Kraft und Streitlust.

Früher Export

Bereits 1276 wurde vermerkt, dass Friesenpferde auf dem Markt in Münster/Westfalen gehandelt wurden. Friesland war zu der Zeit römisch-katholisch und zählte viele Klöster. Diese hatten viel Grund und Boden und so ist es nicht ausgeschlossen, dass die Mönche einen ziemlichen Teil der Pferdezucht in den Händen hatten. Darüber hinaus gehörte Friesland damals zum Bistum Münster, so dass die Tatsache, dass in Münster Friesenpferde angeboten wurden, nicht gerade überrascht.

Durch die Jahrhunderte bewahrter Adel. Foto: Stuewer

Bis weit ins Mittelalter wurden die Friesenpferde nach Deutschland und sogar bis nach England verschifft.

Aber die Friesenpferde reisten noch weiter in den Westen. Im April 1609 segelte Henry Hudson auf dem Schiff „De Halve Maen" im Dienst der Ostindischen Gesellschaft den später nach ihm benannten Hudson Fluss hinauf. Das Forts Nieuw Amsterdam - heute New York - wurde errichtet. Der Friese Pieter Stuyvesant war zwischen 1647 und 1664 Gouverneur über das Gebiet Nieuw-Nederland. Fest steht, dass bereits vor 1625 Friesenpferde nach Nieuw-Amsterdam verschifft wurden. Von dort verbreiteten sie sich auch in östliche Richtung. Das Friesenpferd hatte in Amerika einen großen Einfluss an der Entstehung der Morgans.

Einfluss aus Spanien

Zurück nach Europa, zurück nach Friesland, Wiege der Friesenzucht. In der Periode zwischen rund 1300 und 1550 behielt das Friesenpferd in großen Teilen Europas seinen guten Ruf. Trotz der Erfindung des Schießpulvers 1338 blieb man beim Führen von Kriegen und Feldzügen auf das Pferd angewiesen. Der italienische Zeitgenosse Guicciardini schrieb über das Friesenpferd, dass es „schön, gut und besonders geeignet als Kriegspferd" ist. Die Chronik von Dubravius vermeldet, dass der ungarische König Ludwig II am 15. Juni 1526 gegen die Türken auf einem schwarzen Friesenhengst zog.

Trotz all seiner Kraft und der geliebten schwarzen Farbe fand man Mitte des sechzehnten Jahrhunderts den Friesen zu schwer. Und genauso wie wir heute Trends kennen, wurde es damals Mode, ein leichteres, man würde sagen „modernes" Friesenpferd zu züchten.

Dieser Wandel geschah zum Zeitpunkt des Achtzigjährigen Krieges zwischen den aufständischen Niederlanden und Spanien von 1568 bis 1648. In den achtzig Jahren kämpften die Spanier mit großen Heeren gegen die uneinsichtigen Niederländer. Sie wollten nicht vom allmächtigen Spanischen Reich unter Philip II einverleibt werden, sondern einen eigenen Staat bilden unter Führung von Prinz Willem von Oranien. Dieser Krieg hatte den größten Einfluss auf die Entwicklung des Friesenpferdes in seiner bereits damals langen Geschichte. Die spanischen Herzöge und die jeweiligen Heeresanführer ritten während der zahlreichen Feldschlachten auf andalusischen Hengsten. Diese wiederum waren beeinflusst durch Araber aus der Zeit der Mauren. Die so erbeuteten andalusischen Hengste wurden mit einheimischen - sprich friesischen - Stuten gepaart. Dieser Einfluss ist noch heute sichtbar. Nicht hinsichtlich der Farbe, die blieb vorwiegend schwarz. Vor allem der kleine Kopf mit den großen braunen Augen, der etwas konkave Nasenrücken, manchmal fast ein arabischer Hechtkopf, der geschwungene Hals und die weitere Verankerung der Knieaktion.

Der Hengst Phryso von Don Juan von Österreich (Neapel, Jan van der Straat, 1568)

Phryso

Aus dem Jahre 1568 stammt die älteste bekannte Abbildung eines Friesenpferdes. Jan van der Straat fertigte eine Radierung von „Phryso" an, dem Friesenhengst von Don Juan /Johann von Österreich an seinem Hof in Neapel. Auf Kacheln übertragen ist dieser Hengst am Eingang zum FPS Pferdezentrum zu sehen. Die monatlich erscheinende Zeitschrift, die von der Königlichen Vereinigung „Het Friesch Paarden-Stamboek" seit 1950 herausgegeben wird, wurde nach diesem königlichen Hengst „Phryso" benannt.

Zweifellos als Folge der mittelalterlichen Kriegskunst zu Pferde entstanden im 16. und 17. Jahrhundert in Europa die barocken Reitschulen. Die Sprünge über der Erde hatten nun keinen Kriegszweck mehr, sondern wurden zum lebendigen Kunstwerk für einen kurzen Augenblick. Die Pferde mussten dafür über große Kraft und starke Gelenke verfügen. Neben den Pferden iberischen Ursprungs arbeitete man mit den aus ihnen entstandenen Neapolitanern, Lippizanern und Kladrubern sowie den Friesen. Um 1650 hatte der Herzog von Newcastle im belgischen

Antwerpen Friesen in seinem Stall. Abraham van Diepenbeeke, Schüler des berühmten Malers Peter Paul Rubens, illustrierte für den englischen Herzog ein Lehrbuch. Die Zeichnungen, die Van Diepenbeeke 1658 machte, zeigen Pferde, die dem heutigen Friesen sehr nahe kommen. So war der Herzog angetan von den Friesenhengsten und schrieb „Sie sind vom Gebäude her leichter (als die iberischen Pferde) und verfügen über eine stärkere Kniebewegung".

Kutschpferd

Neben der Verwendung als Reit- und Schulpferd wurde das Friesenpferd in der darauf folgenden Periode zunehmend als Kutschpferd verwendet. Dafür war es nicht nur aufgrund seiner imposanten Erscheinung, sondern auch wegen seiner erhabenen Gänge äußerst geeignet. Viele Adelsfamilien und Fürstenhäuser in Deutschland und England kauften sich Friesen. So hatte der Herzog von Devonshire einen Viererzug Friesen, auch in Preußen wurden viele Friesen vor die Kutsche gespannt.

Gestüte wie Frederiksborg und Kladrub importierten im 17. und 18. Jahrhundert Friesenhengste zur Veredelung der Zucht. Das Kladrubergestüt wiederholte dies, als man 1974 den Friesendeckhengst Romke 234 (V.: Ritske 202 Preferent) ankaufte. Romke ist dort Vater einer eigenen Blutlinie in der Rappzucht geworden. Er kam 1985 wieder zurück, wurde wieder gekört und zum Deckdienst zugelassen. Romke stand auf der Deckstation der Tierärztlichen Hochschule in Utrecht. Er starb am 19. Januar 1991, ein Samstag, an dem auch die Hengstkörung 1991 stattfand. Romke sollte an dem Nachmittag noch geehrt werden als der erste Friesendeckhengst, der noch im Alter von 25 Jahren seinen Dienst versah. Romke kam quicklebendig nach Leeuwarden – ich habe noch seinen Hals geklopft und sein graues Haupt gestreichelt -, und wurde im Laufe des Tages fiebrig und krank. Kurz vor der Ehrung fuhr Andries Zandee mit ihm zurück nach Utrecht. Dort starb der alte Ritske-Sohn noch am gleichen Abend.

Trabrennen wurden im 19. Jahrhundert nicht nur gefahren, sondern auch geritten. Dies geschah dann ohne Sattel. Foto: Faber

Trabrennen

Das Friesenpferd blieb in Europa lange ein populäres Kutschpferd. Aber im 18. Jahrhundert änderte sich alles. Bedeutende Pferdekenner sprachen sich engagiert für das Kreuzen verschiedener Rassen aus. Am Friesenpferd verlor man das Interesse, trotz der Regelungen, die in der Provinz Friesland für die Zucht ausgegeben wurden. Leider half es nicht, mit der Zucht ging es bergab und es wurden kaum noch Stuten gedeckt. Nach 1819 wurden Grundsätze festgelegt, womit sich die Rasse in größtmöglicher Reinheit erholen sollte. Auch das brachte keinen Erfolg. 1854 glaubte man, dass der ursprüngliche Friese nicht mehr zu retten sei. In der neuen Zuchtverordnung wurde der Schutz des Friesenpferdes aufgehoben.Das Ende der Rasse schien in Sicht zu sein

Zwei der bekanntesten Friesen im Trabrennsport des 19. Jahrhunderts waren Malle Jan van Hette Eelkes Altena und Sophia. Sophia, 1864 von Foppe Klijnstra aus Tjerkgaast gezüchtet und im Besitz von Tjeerd Velstra aus Marssum, gewann ab 1868 sehr, sehr viele Preise. Die Missgunst anderer Fahrer, die das Gefühl hatten, keine Chance gegen diese unschlagbare fliegende Friesin zu haben, sorgten dafür, dass sie 1875 vom Königsrennen in Leeuwarden ausgeschlossen wurde. Sophia kam nicht mehr auf die Bahn. Nebeneffekt der erfolgreichen Friesen auf der Trabrennbahn war, dass eine Friesen-Stute die russischen Orlow-Traber mit begründet hat. Sie war die Mutter des Hengstes Bars I, dem Urvater dieser Traberrasse.

Gründung des Stammbuches

Wir schreiben den 1. Mai 1879. In der Herberge „De Drie Romers“ in Roordahuizum bei Leeuwarden haben ein paar Herren eine Zusammenkunft. Man spricht über die Gründung eines Stammbuches für Rinder. Unter den Anwesenden befinden sich auch Züchter von Friesenpferden. Der drohende Untergang der alten Rasse geht ihnen zu Herzen. Es wird darüber debattiert, ob es überhaupt noch Sinn macht, ein eigenes Stammbuch für Friesenpferde zu gründen. Die Friesenliebhaber kommen zu ihrem Recht. An dem Abend wird die Gründung von zwei Stammbüchern beschlossen, eins für Rinder und eins für Pferde, welches in zwei Register geteilt wird. Ein Register für in Friesland gezüchtete Friesenpferde und ein Register für gekreuzte Rassen. Die Statuten werden mit Königlichem Beschluss am 23. August 1879 festgelegt. So wurde das Pferdestammbuch eine anerkannte Vereinigung. Ins Hengstregister wurde als Nummer 1 „De Paauw“ eingetragen, 1872 gezüchtet von Schelte Hilarides aus Pingjum. Sein Stockmaß betrug 1,55 Meter. Das Stammbuch beschrieb den Hengst 1880 „ganz schwarz, lebendiges Temperament, zierlich gebaut für ein Kutschpferd, geschwungener Hals, elastische Bewegungen“. Nach „De Paauw“ Nr. 1 folgten in 121 Jahren noch 380 Hengste. Im April 2000 erhielt Sape nach bestandener Leistungsprüfung in Drachten die Nummer 381. Juffer Nr. 1 mit einem Stockmaß von 1,54 Meter von Fedde Viersen aus Tzum ist die erste eingetragene Friesenstute. Mit ihr zusammen wurden noch neun weitere Stuten eingetragen.

Der Untergang droht

Die Gründung des Pferdestammbuches mit einem Register ausschließlich für Friesenpferde bedeutete nicht, dass nun alle Probleme überwunden waren. Bei Leibe

Im 17. Jahrhundert als Pferd für die Hohe Schule beliebt. Foto: Stuewer

nicht. Anfangs hatten sich die Züchter aus den Provinzen Groningen und Drenthe dem Pferdestammbuch angeschlossen, gingen aber ein paar Jahre später wieder eigene Wege. Die Popularität gekreuzter Rassen verdrängte das Friesenpferd so stark, dass 1907 die Trennung der beiden Register aufgegeben wurde. Pikanterweise wurde 1907 der Name in „Friesch Paarden-Stamboek" geändert.

1913 gab es noch genau drei Deckhengste. Prins 109 (geb. 1898), Alva 113 (geb. 1899) und Friso 117 (geb. 1901). Die alte Rasse stand schon wieder vor dem Aussterben. Im Dezember 1913 kamen auf Initiative von Freiherr C. van Eysinga, Gründer des wohlbekannten Gestüts „De Oorsprong" in Sint Nicolaasga, J.J. Timmer und Körmeister J. Plet mehr als 100 Züchter und Liebhaber des Friesenpferdes zusammen, um die prekäre Situation zu besprechen. Sie beschlossen, die Vereinigung „Het Friesche Paard" (Das Friesenpferd) ins Leben zu rufen. Ziel war, durch Ankauf und Aufzucht junger Hengste und die Vergabe von Prämien für wertvolle Friesenpferde die Zucht aufrecht zu erhalten und zu stimulieren. Zweifellos war Paulus 121 der beste Einkauf. Dieser Sohn von Friso 117 wurde über seine Söhne Vredestichter 127 und Arend 131 Stammvater aller heutigen Friesen-Deckhengste. Ein weiterer Sieg war 1914 die erneute Einrichtung eines separaten Registers für Friesenpferde. Diese Vereinigung bestand bis 1954. Sie war von unschätzbarem Wert für den Erhalt der Rasse.

Friesen in der Landwirtschaft

Eine Periode der relativen Ruhe brach an. Sehr vorsichtig erholte sich die Rasse von allen Erschütterungen. Die Anzahl der Pferde und Mitglieder im Stammbuch nahm zu. Friesland war von den zwanziger Jahren bis in die fünfziger Jahre des letzten Jahrhunderts eine Provinz, in der vor allem Agrarwirtschaft betrieben wurde.

Nach der Ritterzeit, der Hohen Schule, den Trabrennen wurde das Friesenpferd Anfang des 20. Jahrhunderts zum Pferd für die Landwirtschaft umgeformt. Foto: Archiv FPS

Das Friesenpferd wurde im Ackerbau eingesetzt. Ein faszinierender Aspekt der Rasse ist, dass sie in dieser Periode zu einem schwereren Arbeitspferd umgeformt wurde und zwar ohne Einfluss von außen. Das Fürstliche und Elegante, das den Friesen in den vergangenen Jahrhunderten als Kutschpferd und Traber so begehrt gemacht hatte, verschwand.

Natürlich gab es sie noch, die feurigen, ranken Stuten und Hengste. Doch nun verdienten sie in der Landwirtschaft ihren Hafer. Da ist Kraft und vor allen Dingen Masse gefragt. Der Typ wurde schwerer, gedrungener. Während des Zweiten Weltkrieges konnte man Stuten vom Dienst freistellen lassen, indem man sie prämieren und wenn möglich „Ster" erklären ließ. So blieben wertvolle Stuten der Zucht erhalten.

Am 1. Mai 1949 wurde in Roordahuizum festlich das 70-jährige Bestehen des FPS gefeiert. Königin Juliana, im Jahr zuvor gekrönt, wurde Schirmherrin. 1954 wurde der Vereinigung das Prädikat „Koninklijk" verliehen, seitdem heißt sie die Königliche Vereinigung „Het Friesch Paarden-Stamboek".

Kurz vor dem Untergang gerettet. Foto: Stuewer

Dem Sterben nahe und wieder springlebendig

Kreuzzug gegen den Untergang

In den fünfziger und sechziger Jahren des vorigen Jahrhunderts vollzog sich in Friesland die Mechanisierung der Landwirtschaft. Traktoren und andere Maschinen übernahmen die Arbeit, die zuvor mit Pferden gemacht wurde. Kurzum, das Friesenpferd auf dem Bauernhof wurde überflüssig. Es entstand eine dramatische Kettenreaktion. Die Preise stürzten ab, die Zucht auch, die Mitgliederzahl im Stammbuch sank 1957 innerhalb von zehn Jahren von 1211 mit 2383 Pferden auf 656 mit 974 Pferden im Jahr 1967. Die Kasse des Stammbuchs war leer und die Aussichten für die Rasse waren äußerst trüb.

Aus einer Jahrhunderte alten und der einzigen holländischen Rasse war ein seltsames Haustier geworden; es lag im Sterben. Und wieder wurde man aktiv. Unter Vorsitz von Freiherr C. van Eysinga, Großneffe von Cees van Eysinga, der von 1881 bis 1906 Vorsitzender des Stammbuches war und das Gestüt „De Oorsprong" gründet hatte, bildete sich 1967 eine Arbeitsgruppe, die sich zum Ziel setzte, das Friesenpferd zu retten. Betriebe und Behörden wurden angeschrieben und um Spenden gebeten, die Medien eingeschaltet, und Gerrit Griepsma organisierte eine große Lotterie.

Die schönste Initiative zur Rettung des Friesenpferdes kam vom ländlichen Reitverein „De Oorsprong“ Huisterheide, in Sint Nicolaasga. Tjalling de Jong, damals Vorstandsmitglied, weiß es noch genau. Er war damals Bauer in Legemeer, ein kleiner Ort zwischen St. Nicolaasga und Langweer. „Ich war gerade beim Melken, als Dr. De Haan zu mir kam. Er war Psychiater und hatte ein Sommerhaus in Langweer. Seine Tochter Betteke ritt in unserem Verein. Er hatte eine Idee. Wenn wir mit „De Oorsprong“ mal eine Tour durch Friesland machen würden, so eine Art Kreuzzug, würde das nicht helfen, Aufmerksamkeit zu erregen und Geld zu sammeln? Ich hielt dies für eine glänzende Idee. Direkt nach dem Melken lief ich über die Weiden nach Dijken, zu Cees Faber. Er war unser Vorsitzender und Reitlehrer. Auch er war sofort begeistert. Wir haben alle Reiter zusammengerufen und die Sache erklärt. Alle machten sie mit“.

Am 28. März 1967 starteten die Reiter in Huisterheide. Die Route führte über Gorredijk, Garijp, Leeuwarden, Bolsward nach Workum. Der Erfolg war groß, denn in den fünf Tagen der Kampagne konnte das Stammbuch 143 neue Gönner registrieren und 3500,- Gulden wurden bar eingenommen.

Der königliche Kommissar empfing die Gruppe in Leeuwarden vor dem Provinzhaus. Er versprach die Unterstützung der Provinzregierung und das FPS erhielt danach 10.000,- Gulden pro Jahr. Da selbst überregional über den Kreuzzug zur Rettung des Friesenpferdes berichtet wurde, konnte das Stammbuch 1967 insgesamt 288 neue Gönner und 20 neue Mitglieder verzeichnen. Ein anderer wichtiger Aspekt dieses Kreuzzuges war, dass man der Öffentlichkeit neue Verwendungsmöglichkeiten für das Friesenpferd zeigte. Denn Ende der sechziger Jahre nahm der Wohlstand in den Niederlanden

Esther Liano mit Hilke wurde 1999 vierte bei den Meisterschaften in der Z2-Dressur. Foto: Melissen

zu und die Menschen hatten mehr Freizeit. War das Friesenpferd nun in der Landwirtschaft überflüssig, im Sport und im Freizeitbereich gab es für es noch viel zu tun. Ein neuer Zweig im Pferdesport sollte die Rettung für die alte Rasse werden.

Rettung durch den Viererzugsport

Ungefähr gleichzeitig mit dem drohenden Untergang des Friesenpferdes kam in England das Viererzugfahren in Mode. Es war eine Initiative seiner Königlichen Hoheit Prinz Philip, Ehemann der englischen Königin Elizabeth II. Pferde spielten in seinem Leben eine wichtige Rolle. Viele Jahre hatte er Polo gespielt und entdeckte nun den Charme des Fahrens. Er machte dies rund um Windsor Castle aber nicht mit ein oder zwei, sondern mit vier Pferden vor der Kutsche. Die alte Art und Weise des Reisens mit der Postkutsche wird hier wohl Pate gestanden haben. Als Vorsitzender der FEI führte er das Viererzugfahren als Wettkampfsport ein. Die Ungarn mit ihren Gestüten waren gleich dabei. In Deutschland, Schweden, der Schweiz, Polen und etwas später auch in Amerika, überall entstanden Viererzüge, die auf nationalen und internationalen Wettkämpfen und etwas später auch auf Weltmeisterschaften gegen einander antraten. In den Niederlanden war Frau E. Korthagen-van Til aus Breukelen, viel besser bekannt als „Tante Bets“, die erste mit einem Viererzug Friesen. Ihr Schüler war

Mit großen Sprüngen in die Welt. Foto: Stuewer

Leo Kraaijenbrink, dem wir später in diesem Buch noch begegnen werden, als Fahrer des berühmten Viererzugs Friesen. Prinz Philip bezeichnete sie 1973 nach einem Wettkampf in Windsor als „The lady with the black horses". Anfang der siebziger Jahre wurde Tjeerd Velstra, Enkel von jenem Tjeerd Velstra, der mit seinem Friesentraber Sophia ein Jahrhundert zuvor unschlagbar war, Direktor des Niederländischen Pferdezentrums in Deurne. Auch er wollte Viererzug fahren. Er suchte Pferde und erinnerte sich an die Friesen aus seiner heimatlichen Provinz. Velstra kaufte sechs und nahm sie mit nach Deurne.

Im Trab in die Welt

Anziehungskraft

Velstra trainierte seinen Viererzug Friesen, fuhr mit ihnen in Vielseitigkeitsprüfungen in den Niederlanden und nahm an Wettkämpfen im Ausland teil. Es gab nur wenige Menschen, die von ihrem Bestehen wussten. Überall, wo Velstra und Tante Bets mit ihren schwarzen Viererzügen erschienen, erregten sie großes Aufsehen.

Innerhalb von wenigen Jahren waren zumindest fünf Vierergespanne mit Friesen in den Niederlanden im Sport aktiv. Sie sind natürlich etwas Besonderes, die pechschwarzen Friesen; in einem Viererzug trabend, mit ihrem fürstlichen Aussehen, wallender Mähne und vollem Schweif, dem üppigen Fesselbehang und mit der auffallenden Knieaktion im Trab. Viele Menschen

Tjeerd Velstra half das Friesenpferd zu retten. Foto: Minekus

werden davon auf eine besondere Art berührt. Fügt man ihre Intelligenz, ihren freundlichen Charakter und die Zuverlässigkeit hinzu, dann hat man ein Pferd vor sich, das viele Menschen gern selbst im Stall haben wollen. So wurde der damalige FPS-Sekretär L.E. Huijing mit der Frage überschüttet, wo man denn so ein besonderes schwarzes Pferd kaufen könnte. Die Zucht erholte sich. Trotzdem gingen noch viele Hengstfohlen nach der Geburt zum Schlachter.

Außerhalb Frieslands

Die Begeisterung außerhalb des althergebrachten Stammlandes führte 1974 zur ersten Tochtervereinigung außerhalb Frieslands in der Mitte der Niederlande. 1977 folgte Nordholland, 1978 Groningen-Drenthe und 1980 der Süden der Niederlande. Das Friesenpferd trabte nicht nur über die Provinzgrenzen, es überschritt auch die Landesgrenzen.

Deutschland zuerst

Am 27. August 1979 gründeten Bernd Reisgies, Günther Fröhlich und noch neun weitere Liebhaber den „Verein der Züchter und Freunde des Friesenpferdes in Deutschland e.V." Bernd Reisgies wurde erster Vorsitzender. Sein „Gut Amtmannscherf" war Mittelpunkt vieler Aktivitäten. Reisgies war für viele Züchter in Friesland und den Niederlanden das „Gesicht", der Ansprechpartner. Er pflegte die Kontakte, war bei Körungen, Zuchtschauen und vor allem den Versammlungen vom FPS in den Niederlanden. Reisgies war unermüdlich bemüht, seine Landsleute über alles rund ums Friesenpferd zu informieren.

Dass er und seine kleine Gruppe echte Entwicklungsarbeit leisteten, zeigt sich in der Tatsache, dass es bereits 1982 in der Bundesrepublik 282 Friesenpferde gab, inklusive zwölf Fohlen, die 1981 geboren wurden.

Reisgies kaufte nicht nur Friesenpferde, sondern auch Kutschen und sogar eine Friesen-Sjees, hiermit trat er bei Shows auf und nahm an Wettkämpfen teil. Das Friesenpferd wurde zum großen Publikumsliebling auf allen Pferdemessen.

Die deutschen Pioniere inspirierten auch andere, mit Friesenpferden an sportlichen Wettkämpfen teilzunehmen. Willi Adolph gewann mit Kobold und Igor 1980 zweimal die Rheinischen Meisterschaften. Dressurreiter Peter Stephan kam 1995 mit dem zehnjährigen Hengst Jarich, Vater Lammert 260 (in seiner deutschen Periode in Besitz von Bernd Reisgies) zur Hengstkörung nach Leeuwarden.

Jarich war bis S-Dressur erfolgreich. Seine Kür auf Musik fand in Leeuwarden größten Beifall. Wenn bei Körungen, Zuchtschauen oder Versammlungen das lichter werdende Haupt mit grauem Haarkranz plus kurzem grauem Bart auftaucht, dann wussten viele in Friesland: „Deutschland ist auch da".

Der Verein wurde später zum DFZ „Deutsche Friesenpferde Züchter im FPS e.V." Es ist die offiziell durch das niederländische Stammbuch (FPS) anerkannte Tochter-Vereinigung, seit vielen Jahren ist Prof. Dr. A. Raupach Präsident und Horst Eberhardt Vorsitzender. Der DFZ ist die größte Stammbuch-Tochter sowohl hinsichtlich der Anzahl Mitglieder als auch der

Franke 251 von Hajo und Christa Dannefelser schrieb Geschichte. 1997 wurde er als erster im Alter von 25 Jahren noch deckender gekörter Friesenhengst geehrt. Foto: Melissen

Anzahl Pferde. DFZ-Mitglieder halten rund 3500 Friesenpferde, darunter etwa 2000 Stuten. Anno 2000 stehen den deutschen Züchtern im eigenen Land die Hengste Teake 273, Hannes 296 und Dirk 298 zu Diensten. Teake und Hannes stehen auf der Deckstation von H. Rolofs in Behringen, Dirk auf der von F. Tietjen in Klein-Meckelsen.

Franke 251

Leider ist im Mai 2000 Franke gestorben. Franke 251 stand seit 1985 in Deutschland und war lange ältester Friesendeckhengst. Er war ein Sohn von Jarich 226 aus der berühmten Matsje Model, Preferent und Prestatie (V: Ritske 202 Preferent). Geboren wurde er am 28. Mai 1972 in Spannenburg bei Meint Postma, als ein paar Monate altes Fohlen kam er in den Stall von Frits de Jong, der auf der anderen Seite des Kanals seinen Hof hatte. Franke wurde 1976 als Vierjähriger sein erster Deckhengst.

Neben seinen Deckaufgaben ging er vor der Sjees und im Winter auf dem Eis vor dem Schlitten. Bis zu seinem Tod behielt er den fein geschnittenen Kopf mit den feurigen Augen, ein Erbe, ebenso wie das Temperament, von seiner Mutter Matsje. Sein Schritt und sein Trab waren eher kurz, trotzdem gewann Frits de Jong mit Franke vor der Sjees beim FPS-Jubiläum 1979 den Preis für den besten Fahrer in der Dressur vor der Sjees. Franke wurde 1980 auf Nachkommen gekört. De Jong verkaufte ihn 1985 an Hajo und Christa Dannefelser aus Geldern. 1991 folgte ihm der dreijährige Ouke 313 (V: Hearke 254 Preferent) direkt nach der Leistungsprüfung. Ouke bestand die Nachkommenskörung mit einem hervorragenden Rapport. Ein Jahr später wurde ihm eine Deckbeschränkung von 50 Stuten auferlegt. Die FPS-Körmeister hatten Abweichungen an der Hinterhand seiner Nachkommen bemerkt. Ouke steht seit 1998 in Michigan USA.

Franke diente der deutschen Zucht fast 15 Jahre. Und was Mark, Wessel, Hearke, Jochem und auch Romke nicht schafften, das vollbrachte der bis hohe Alter gesunde und mit makellosen Beinen ausgestattete Sohn von Jarich und Matsje. Der alte Herr mit dem grauen Kopf wurde auf der Hengstkörung 1997 zur großen Freude von Hajo und Christa Dannefelser geehrt. Er war der erste FPS-Deckhengst, der im Alter von 25 Jahren noch seinen Deckaufgaben nachkam. Als die Familie nach Reudelsterz umzog, ging Franke natürlich mit. 1999

Auch Deutschland hat seine Friesen-Meisterschaften. Foto: Stuewer

deckte er noch drei Stuten. Franke starb am 11 Mai 2000, es fehlten nur wenige Tage zu seinem 28. Geburtstag. Tragisch ist dabei, dass Hajo Dannefelser ein paar Wochen nach dem Tod von Franke 251 an einem Infarkt gestorben ist.

Einfluss deutscher Züchter

Deutsche Mitglieder denken gelegentlich, dass ihre Friesenpferde weniger Wertschätzung genießen als die niederländischen. Das ist sicherlich ein Missverständnis. Gutes „Material" erhält immer hohe Wertnoten. Das wurde auf der Zentralen Stutenkörung 1999 sehr deutlich. Den Siegertitel errang die siebenjährige Brenda H., eine Tamme-Tochter von Romke van der Meer aus dem deutschen Gummelsburg. Weiter wurde dort die vierjährige Naen-Tochter Jelle van Fox von Frau B. Fuchs aus Gelnhausen vorläufig Model. Die Stute wurde nach bestandener Leistungsprüfung definitiv Model. Dies ist das höchste Exterieur-Prädikat im FPS. Die elfjährige Orchidee (V.: Franke 251) von Frau Chr. Meinecke-Twele aus Wahrenholz wurde auf einer Zuchtschau in Deutschland ebenfalls vorläufig Model. Auch auf ihrem Stammbuchpapier steht inzwischen das begehrte „Model". Auch junge, in Deutschland gezogene Hengste erreichen regelmäßig die zweite und dritte Besichtigung bei der Hengstkörung in Leeuwarden oder werden zur Hengstleistungsprüfung angewiesen. Aufgrund der strengen Kriterien bestehen aber nur sehr wenige Hengste diese Prüfung.

Auch der Einfluss deutscher Eigentümer mit ihren Friesen-Deckhengsten auf die Zucht in den vergangenen 25 Jahren war sehr groß. Anfang der siebziger Jahre kamen Jürgen und Gaby Hillner nach Westhem, ein kleines Dorf in Friesland zwischen Bolsward und IJlst. Sie kauften mehrere Friesenpferde, darunter die wohlbekannte Kerst-Tochter Truus 4316 Model und Preferent und den Deckhengst Ferdinand 252 (V.: Tsjalling 235).

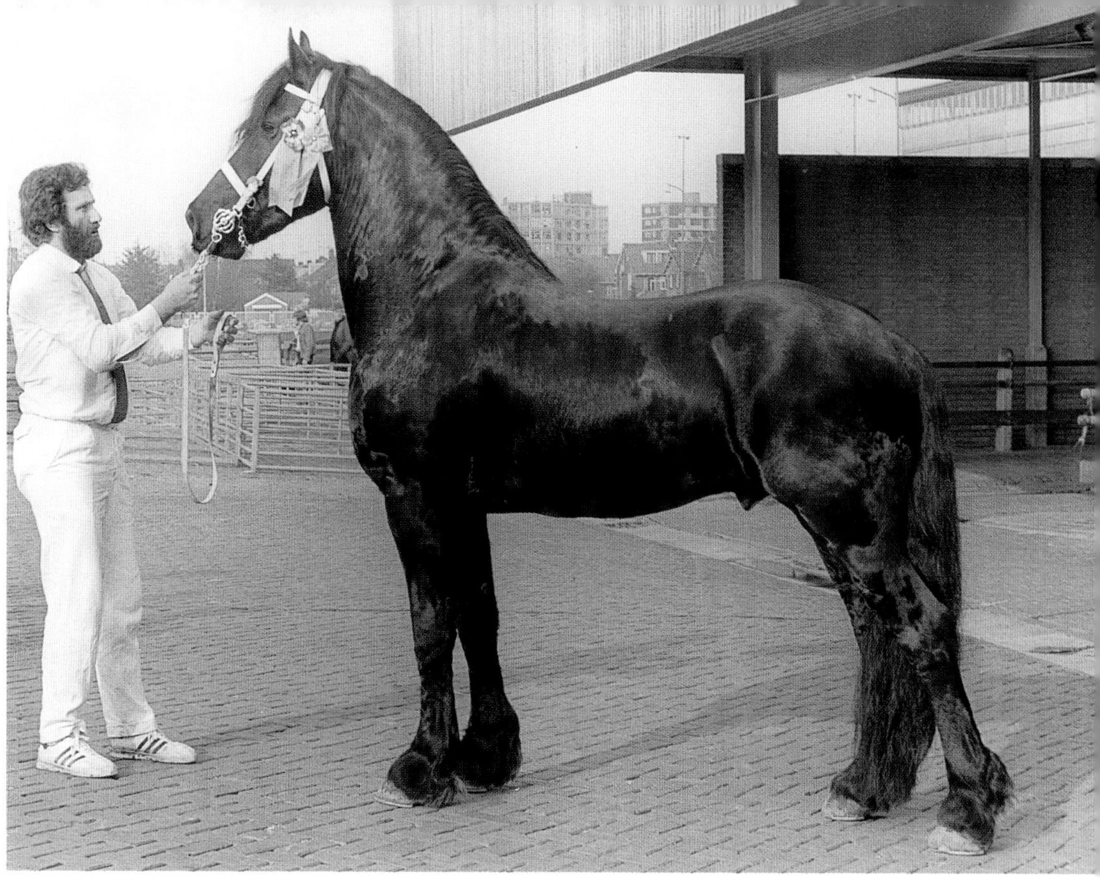

Dagho 247, der erste gekörte Hengst deutscher Züchter. Foto: Melissen

Dagho, Naen und Feitse

Aus der Verbindung Tsjalling-Truus wurde am 15. April 1971 Dagho geboren, der als Dreijähriger in Leeuwarden erschien. Wenn es damals ganz normal war, die Hengste mit einer weißen Trense oder einem Halfter und nicht immer glänzend geputzt vorzustellen, bei Dagho war das anders. Dagho war mit seinem Stockmaß von 1.65 Meter viel größer als seine Zeitgenossen Detmer (1.59 Meter), Chrytzen (1.59 Meter) und Cobus (1.60 Meter). Dagho war auf Hochglanz poliert und wurde mit einer Reitpferdetrense vorgestellt, Jürgen Hillner lief makellos weiß gekleidet und Dagho anmutig daneben. Für damalige Zeit war dies ein echtes Spektakel, es gab ja noch nicht einmal Musik. Dagho wurde gekört, erhielt die Stammbuchnummer 247 und deckte in seinem ersten Jahr 24 Stuten. Das waren viele Stuten für einen nach damaliger Auffassung modernen Hengst. Familie Hillner meinte, dass Friesenhengste nicht nur schön sein müssen, sie mussten auch Leistung bringen. Dagho ging ins deutsche Leistungszentrum Klosterhof Medingen und wurde dort unter dem Sattel geprüft. Zur Prüfung reisten FPS-Körmeister, die den Hengst mit einer 1A Prämie belohnten. Es war der erste Stein gelegt für die seit 1980 eingeführte Hengstleistungsprüfung.

Dagho hatte einen weitreichenden Einfluss auf die Zucht. Gewöhnliche Stuten bekamen schicke, elegante Fohlen. Leider vererbte er häufig eine schwache Hinterhand und Missbildungen am Knie- und Sprunggelenk. Cees Faber, damals Hauptkörmeister beim FPS, allgemein respektiert wegen seiner Kenntnis und Körweise, faßte es kurz und bündig: „Einfache Stuten mit sehr gutem Fundament einmal zu Dagho für Schick und Adel und danach nicht wieder".

Dagho wurde Vater von zwei Deckhengsten, Meindert 263 und Dimer 285. Meindert war recht unbedeutend und verschwand nach vier Deckjahren aus der Zucht. Dimer hat nur eine Saison gedeckt. Dimer ist noch immer bekannt als der schönste Hengst qua Exterieur in den letzten dreißig Jahren. Ein schwarzes Juwel von atemberaubender Schönheit. Nur konnte er nichts, keinen Schritt und keinen Trab. Noch niemals gab es einen Hengst

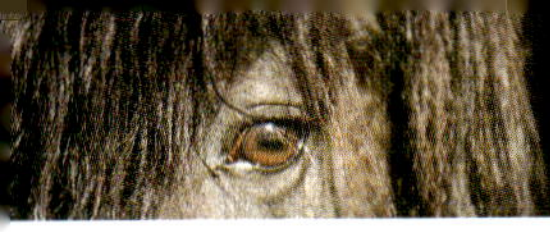

mit so schlechten Wertnoten in der Leistungsprüfung. Doch sind aus seiner kurzen Decksaison gute Dimers hervorgegangen. Ein Dimer-Sohn läuft im Viererzug von Leo Kraaijenbrink , Deckhengst Heinse 354 hat eine Ster-Tochter von Dimer zur Mutter. Der Deckhengst Dagho wurde in Bronze verewigt. Er stand Modell für das am 15. Mai 1981 enthüllte Standbild eines Friesenhengstes in Leeuwarden.

Naen

1975 wurde in Westhem die damals 19-jährige Truus zum eigenen Ferdinand 252 gebracht. Es war der Tag der Zeugung von Naen 264, der am 11. April 1976 geboren wurde. Seine Körung erfolgte 1979 und war mit einigen Emotionen verbunden. Jürgen und Gaby Hillner wünschten sich sehr, dass der Hengst seinen Geburtsnamen Nathan behielt. Das FPS stimmte nicht zu. Aufgrund eines Beschlusses von 1934 sollten alle Friesen-Deckhengste einen friesischen Vornamen tragen. Es wurde ihnen der Name Naen vorgeschlagen. Sie lehnten ab. Auf der Mitgliederversammlung 1979 hielt Jürgen Hillner eine sehr gefühlsbetonte Ansprache, warum der biblische Geburtsname für seinen Hengst so wichtig war. Eine heiße Diskussion folgte, bis die hochgewachsene Gestalt des FPS-Vorsitzenden Freiherr Cees van Eysinga aufstand und mit ganz ruhiger Stimme sagte: „Es ist genug, Herr Hillner, der Hengst heißt Naen und so bleibt es". Der Hammer fiel. Der einzige Sohn von Ferdinand sollte ein sehr einflussreicher Hengst werden. Viele betrachten ihn als „Umformer" vom schwereren Friesenpferd zu einem mehr in die Zeit passenden. Die jungen Naens hatten längere Linien, deutlich weniger Behang, waren schlanker und hochbeiniger und somit, so fand man, ein modernes Friesenpferd. Ein Nachteil war der häufig launische Charakter seiner Kinder.

Naen brachte der Zucht viele Töchter und sechs Söhne. Walter und Foppe wurden abgekört, Barteld ist gestorben, Ludse

Dimer 285, ein Sohn von Dagho, war der schönste Hengst in den letzten 30 Jahren, wurde aber bereits nach einer Saison abgekört.
Fotos: Melissen
Nathan wurde Naen 264. Der Hengst von Gaby und Jürgen Hillner hatte viel Einfluss auf die Modernisierung des Friesenpferdes.

deckt in Amerika und Hannes in Deutschland. Jakob blieb in den Niederlanden. Nachdem die Familie Hillner Dagho 1984 aus der Zucht nahm und später wieder nach Deutschland zurückkehrte, wurde Naen Ende der achtziger Jahre von Wolfgang Liss aus Henau im Hunsrück gekauft. Naen hat viele Jahre auf dem Landgestüt in Zweibrücken gedeckt. Seine aktive Laufbahn ist beendet. Der vielbesprochene Hengst ist inzwischen 24 Jahre alt und genießt seinen Ruhestand bei der Familie Liss auf dem Hof Kläperisch.

Feitse 293, viele Jahre ganz Eigentum von Wolfgang und Kirstin Liss, ist seit März 2000 der einzige lebende preferente Friesen-Deckhengst. Foto: Melissen

Feitse Preferent

Der einzige augenblicklich lebende Preferente Friesenhengst war erst ganz und nun teilweise in deutschem Besitz. Wolfgang und Kirstin Liss kauften den jungen Feitse (Jochem x Bjinse) von seinem Züchter G. Wijbenga aus Roodkerk. Feitse wurde dort am 28. Mai 1983 geboren. Als Vierjähriger ging er nach Leeuwarden und wurde zur Leistungsprüfung nach Ermelo geschickt. Feitse bestand mit ausgezeichneten Wertnoten und deckte im ersten Jahr 44 Stuten. Vier Jahre später bestand er auch seine Nachkommenskörung. Die Bemerkung auf dem Körprotokoll, dass der Hengst einen höheren Weißfaktor bei seinen Nachkommen vererbte, ließ die Bedeckungen von 70 im Jahr 1991 auf 23 zwei Jahre später sinken. Feitse war sichtlich wenig populär bei den Züchtern, obwohl er bemerkenswerte Leistungen im Sport zeigte. Bei den Friesischen Dressurmeisterschaften und bei den Reiterspielen in Apeldoorn war er in der Rangliste weit nach oben gekommen. Doch es hatte keinen Einfluss auf die Bedeckungszahlen. Familie Liss holte ihn nach Hause und er kam neben Naen auf das Landgestüt in Zweibrücken. Mit 70 Bedeckungen 1995 schien man Feitse vergessen zu haben. Bis zu dem Moment, als Jaap van der Meulen aus Joure Anfang 1996 mit Wolfgang Liss Kontakt aufnahm. Er wollte den Alleinvertrieb für Sperma von Feitse in den Niederlanden haben und sagte gleich 100 Stuten zu. Der Sperma-Import wurde ein großer Erfolg und zwei Jahre später ging Feitse wieder in die Niederlande zurück auf die Deckstation Groot Archem in Luttelgeest. Die Deckzahlen stiegen auf 274 für das Jahr 1999. Seit Oktober 1999 ist Feitse im gemeinsamen Besitz von der Familie Liss und G. Toonen in Maren-Kessel, wo er nun auch steht. Feitse hat inzwischen vier gekörte Söhne, und zwar Rypke 321, Tsjerk 328 (beide auf Nachkommen gekört), Fetse 349 und Folkert 353. Anfang 2000 erklärte der FPS-Vorstand Feitse Preferent aufgrund der Qualität seiner Nachkommen. Feitse trägt nun als einziger lebender Friesen-Deckhengst den besonderen Titel „Preferent".

Weiter nach Amerika

Aber es ging noch viel weiter weg von Zuhause. Tom Hannon aus Ohio in den USA war der erste, der vom Friesenpferdevirus angesteckt wurde. Bei einem Besuch in den Niederlanden 1974 kaufte er in Breukelen den Viererzug plus Reservepferd von Tante Bets Korthagen-van Til. Mitte April kamen die fünf Damen nach Ohio, 1977 folgte der Deckhengst Bouwe 242. Es war der Beginn der Friesenzucht in Amerika in der neuen Zeit. An der amerikanischen Westküste hatte der emigrierte Friese Frank Leyendekker mit harter Arbeit alles erreicht, was er wollte. Das einzige, was ihm aus seiner alten Heimat fehlte, waren die Friesenpferde. Ende der siebziger Jahre brachte er drei nach Kalifornien. Für viele Emigranten aus Friesland in den USA und in Kanada war dies ein Vorbild. Und so flogen durch Vermittlung von Auke Frankena 1978 die ersten Friesen nach

Jetzt begann auch die Zucht außerhalb Frieslands. Foto: Stuewer

Kanada. Ein paar Jahre später sorgte der Schauspieler Rutger Hauer für den großen Durchbruch in Nordamerika. Rutger Hauer, auf dem Friesenhengst Othello reitend, spielte die Hauptrolle in dem Film „Tag des Falken". Dieser Film war der Ausgangspunkt für die Faszination, die viele Amerikaner in den Bann des Friesenpferdes zog. Seit Mitte der achtziger Jahre ist die Anzahl der Friesenpferde, Züchter und Halter in Amerika und Kanada explodiert. Anfang 2000 gab es rund 1600 Friesenpferde in Nordamerika und 17 Stammbuchhengste. Von ihnen war Laes 278 der Erste. Die Deckhengste Lukas 324, Pyt 325, Pilgrim 326 und Wander 352 wurden in Amerika geboren und gezogen. Nach der Körung durch eine niederländische Jury und bestandener Leistungsprüfung wurden sie zum Decken zugelassen. Sperma von Wander ist inzwischen auch hier erhältlich. Die wachsende Züchtergruppe auf der anderen Seite des Atlantiks gründete eine weitere FPS-Tochter, die „Friesian Horse Association of North America" (FHANA). Aber es ging noch weiter.

Auf allen Kontinenten

Zu Beginn des 21. Jahrhunderts traben Friesenpferde auf allen Kontinenten. In Europa gibt es offizielle Tochtervereinigungen in Deutschland, Frankreich, Belgien - das eher die EU-Anerkennung erhielt als das Mutterstammbuch in Friesland - Dänemark, der Schweiz, Österreich, England, Irland und Schweden. Die Vereinigungen in Liechtenstein und Luxemburg haben einen Aspirant-Tochterstatus. Bekannt ist auch, dass Friesenpferde durch Italien, Spanien, Ungarn und Polen traben.

Auf dem afrikanischen Kontinent sind sie in Südafrika zu finden. Bereits Ende des 19. und Anfang des 20. Jahrhunderts wurden Friesenpferde nach Südafrika verschifft. Mit einheimischen Pferden entstand dort eine Rasse vorwiegend schwarzer Pferde. Sie wurden „Vlaamsperde" genannt. 1957 reiste der Deckhengst Meint 196 zusammen mit ein paar Stuten per Schiff nach Südafrika, 1958 und 1959 folgten weitere. Die Züchter wollten mit reinrassigen Friesenpferden die Vlaamsperde verbessern. Der Export nach Südafrika wurde, zwar in begrenztem Maße, in den vergangenen vierzig Jahren fortgeführt. So wurde Anfang der achtziger Jahre Everhard (V.: Reitse Preferent) exportiert und mit Zustimmung des FPS als Deckhengst eingesetzt. 1998 wurde Sperma von Brandus (V.: Reitse Preferent) eingeflogen. Seine Tochter Wytske S. wurde am 15. Oktober 1999 aus der Fohlenbuchstute Lobke-Henna van Smitsvlei geboren. Sie stammt mütterlicherseits ab von Meint 196. Die Züchter in Südafrika versuchen eine Spermabank von FPS-Stammbuchhengsten einzurichten. Alle zwei Jahre fliegt eine Jury nach Südafrika, um die Friesenpferde zu beurteilen. Inspektor H.J. Mulder bemerkte nach einem Besuch dort, dass die südafrikanischen Friesenpferde noch immer das feurige Temperament haben, das in Europa doch weitgehend verschwunden ist.

Auf der gegenüberliegenden Seite des Erdballs, in Australian, sind dank der sehr aktiven Australien Horse Society fast 100 Friesenpferde heimisch. Im Mai 2000 reiste zum erstenmal eine Stammbuch-Jury nach Australien, um die Pferde dort zu kören

Der erste Export nach Amerika. Das Vierergespann Friesenstuten von Tante Bets Korthagen-van Til (ganz links auf dem Foto) ging 1974 zu Tom Hannon nach Ohio. Foto: Archiv FPS

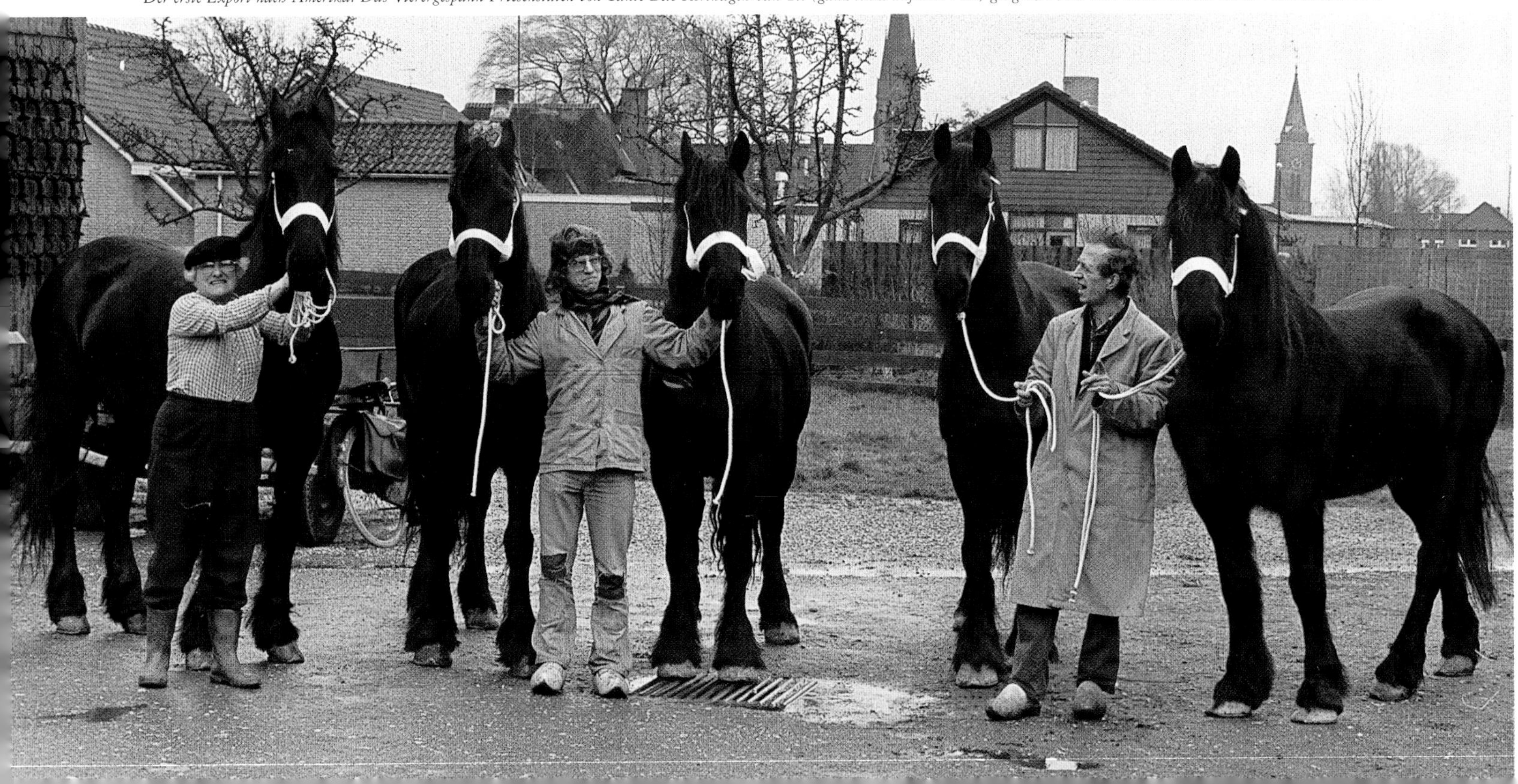

und ins Stammbuch aufzunehmen. Sie konnten dort gleich drei Ster-Stuten verbuchen. Die Körkommission hätte eigentlich gleich weiter nach Süd-Amerika fliegen können. In Chile gibt es seit 1996/1997 rund 60 Friesenpferde. Und last but not least traben sie auch in Japan. 14 Friesenpferde gehören zu den festen Mitarbeitern des Freizeitparks Holland Village, ein kleines Stück nachgebautes Holland in Japan. Dort ziehen sie jeden Tag achtspännig die nachgebaute goldene Kutsche, und zehntausende Japaner haben sie bereits auf Foto oder Videofilm verewigt.

Respekt vor der Rasse

Nun, an der Schwelle des dritten Jahrtausends, stehen die Friesenpferde in der größten Blüte ihrer jahrhundertealten Geschichte. Die Königliche Vereinigung „Het Friesch Paarden-Stamboek" (FPS) mit Königin Beatrix als Schirmherrin hat nun mehr als 8000 Mitglieder, mehr als 3500 von ihnen wohnen nicht in den Niederlanden. Die Mitgliederzahl außerhalb des Stammlandes wächst im Verhältnis schneller. In den Stammbuchregistern in Drachten sind mehr als 30.000 Friesenpferde eingetragen. Das Mutterstammbuch zusammen mit all seinen Tochtervereinigungen bildet seit 1996 die World Frisian Horse Organisation WFHO. Seit 1992 verfügt das FPS in Drachten über ein eigenes Friesenzentrum. Dort werden unter anderem die Hengstleistungsprüfungen durchgeführt. Die Zahl der Bedeckungen steigt so um 10 Prozent im Jahr. Mehr als 50 Tage im Jahr werden auf der ganzen Welt Pferde beurteilt. All diese Ergebnisse werden im Stammbuch in Drachten geführt. Die Preise für die Produkte der Zucht sind immer noch steigend. Die jungen Friesenfohlen erhalten heute alle einen Chip mit eigener Lebensnummer, die dann auch auf dem Stammbuchpapier steht.

Ein Ende ist nicht in Sicht. 1970 reichte für die Hengstkörung noch ein einzelner Nachmittag, heute ist es eine dreitägige Veranstaltung Anfang Januar. Die ganze weltweite Familie der Züchter und Liebhaber dieser einzigartigen, pechschwarzen Pferderasse trifft sich dann in Leeuwarden. Jedes zweite Jahr bringen acht Friesenpferde ihre Schirmherrin in der goldenen Kutsche zur Parlamentseröffnung in Den Haag. Tiefer Respekt vor dieser fürstlichen, schwarzen Erscheinung mit ihrem besonderen Trab, die sich trotz aller Anschläge auf ihr Bestehen behauptet hat und nun stolz auf allen Kontinenten trabt, getragen durch die Wärme und Liebe ihrer Besitzer.

Auf allen Kontinenten geliebt. Foto: Stuewer

Foto: Stuewer

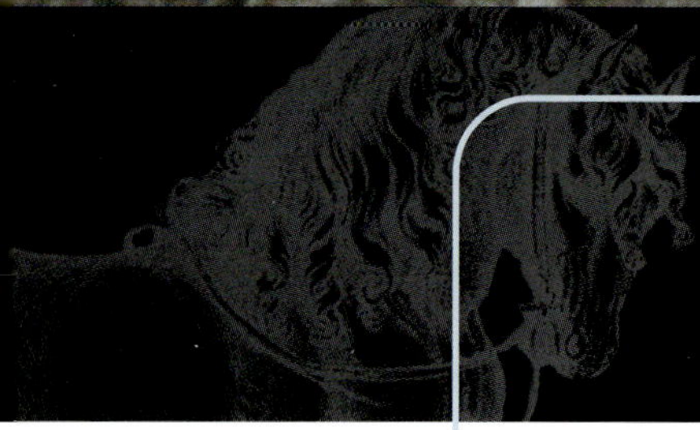

Das Friesenpferd als Sport- und Freizeitpferd

Reiten

Schon die Kreuzritter im Mittelalter wussten, dass das Friesenpferd sehr geeignet war, um darauf zu sitzen. Die Verwendung als Reitpferd und Streitross zu Kriegszeiten blieb lange erhalten. Danach wurden Friesenpferde im 17. und 18. Jahrhundert in den damals modernen Reitschulen eingesetzt. Sie wurden dort in den hohen Schulen gearbeitet. Anfang des 19. Jahrhunderts lagen die Trabrennen mit kurzen Distanzen im Trend. Nicht nur vor dem leichten Sulky, sondern auch geritten ohne Sattel. Diese Tradition wird noch heute in Friesland in Ehren gehalten. So werden in Joure und Leeuwarden jährlich Trabrennen mit Friesenpferden unter dem Reiter auf einer 200 Meter langen Sandbahn veranstaltet. Die Teilnehmer sitzen treu der Tradition auf einer orangen (oranje: Farbe symbolisiert das Königshaus von Oranje) Satteldecke ohne Sattel und Steigbügel. Der Wettkampf findet im K.O. System statt, der Schnellste gewinnt. Auch die Mitglieder des 1968 ins Leben gerufenen Friesenpferdeballets aus Wolvega folgen der Tradition und reiten ohne Sattel. Sie haben eine prächtige Shownummer, bei der acht Damen in Friesentracht auf orangen Satteldecken sitzen und mit ihren acht Friesenpferden einen schönen Figurentanz aufführen.

Der ländliche Reitverein „De Oorsprong"

Der ländliche Reitverein „De Oorsprong" in Huisterheide bei St. Nicolaasga machte in Friesland das Reiten von Friesenpferden populär. Unter Anleitung des Vorsitzenden und Reitlehrers C.D. Faber zeigten die Mitglieder, dass sich das Friesenpferd nicht nur für Ackerbau und vor der Sjees eignete, sondern sich auch gut reiten ließ. Sie nahmen an Wettkämpfen in der Umgebung teil. Frits de Jong aus Tjerkgaast, heute Vorsitzender des noch immer blühenden Clubs mit rund 200 Mitgliedern, erzählt aus seiner Jugendzeit: „Ich war so 14 Jahre alt, arbeitete tagsüber mit den Pferden auf dem Feld und kam so gegen 5 Uhr mit dem Gespann auf den Hof. „Los fix", sagte mein Vater „Ausspannen, Cees Faber wartet schon auf dich". In kürzester Zeit hatte ich die Stute ausgespannt, mich umgekleidet, die Stute gesattelt und ritt ohne zu essen durch den Wald zum Reitplatz vor dem alten Gestüt in Huisterheide". Und Cees Faber stand wirklich schon da. Die Quadrille mit acht Pferden vom Verein „De Oorsprong" hatte großen Erfolg. 1954, 1955 und 1956 wurden sie friesische Meister. Noch immer unter Leitung von Cees Faber waren sie 1965, 1966 und 1967 nicht nur friesische Meister, sondern auch

Warum kein Dressurpferd? Die vier Deckhengste 1997 auf der Levade in Apeldorn brachten Richter und Publikum zum Erschauern. V.l.n.r. Simon Hoeksma auf Sierk 326, Jolanda Schreuder mit Leffert 306, Sybren Minkema reitet Tjomme 329 und Nynke Schrale auf Reyert 337. Foto: Melissen

Pioniere im Sattel. Vorführung beim RV „De Oorsprong" 1966. Foto: Archiv FPS

Aber auch Ausreiten auf einem Friesen ist ein Genuss. Foto: Slawik

Vizemeister in den Niederlanden. 1966 in der Klasse L, 1967 in der Klasse M. Dann wurde das Reglement für das Quadrillen-Reiten geändert. Die Pferde mussten neben der Dressur auch springen. Das Friesenpferd ist nun mal nicht der geborene Springer und so war es aus mit der Eroberung von Titeln. „De Oorsprong" blieb sich selbst und dem pechschwarzen Friesenpferd treu. Der über 60 Jahre alte Verein hat heute eine eigene Halle am Rand der Vegelin Wälder in St. Nicolaasga. Die Wälder liegen nun zwischen ihnen und ihrem früheren Sitz nahe des ehemaligen Gestüts. Das Friesenpferd ist die treibende Kraft des Vereins. Aufgrund seiner vielen Verdienste für das Friesenpferd verlieh Königin Beatrix 1987 dem Verein ihre persönliche Ehrenmedaille. Das ist eine Auszeichnung, die nur wenigen zuteil wird. Der ländliche Reitverein "De Oorsprong" darf zu Recht stolz darauf sein.

Pioniere im Sattel

Als erster zeigte Rittmeister Dr. H.L.M. van Schaik aus Den Haag/Wassenaar, dass ein Friesenpferd bis „Z" Dressur kommen kann. Er ritt den Friesenhengst Wopke. Ab 1950 führte er sehr häufig vor, wie weit man mit einem Friesenpferd doch kommen konnte. Zwanzig Jahre später wurden Wil Gerritsen-Fiedler aus Amsterdam mit Feycko und Jos Hofer-Van Diest aus Andijk mit Drys wahre Dressurpioniere. In den siebziger Jahren war es nämlich sehr ungewöhnlich, mit einem Friesen auf Dressurturnieren zu starten. Diese Meinung vertraten nicht nur die Zuschauer, sondern auch die Richter waren nicht begeistert. Beide Damen, später folgten ihnen Jaap de Bruin mit Elger und Jaap Hartendorp mit Cor, mussten bei Wettkämpfen erst einige Widerstände überwinden. So erzählt Jos Hofer: „Wenn wir damals für den VVDR auf nationale Wettkämpfe gingen, dann wurden die Pferde von einem Viehtransporter zu Hause abgeholt. Ja, auch das bekannte Dressurpferd Amon von Annemarie Sanders stand auf einem ganz normalen Viehwagen. Als die Pferde mal in Santport ausgeladen wurden, Drys die Rampe runterkam und festgebunden wurde, hörte ich sofort um mich herum „Was soll das nun, so'n dummer Friese, der hat hier nichts verloren". Ich habe ihn gesattelt und bin meine Prüfungen geritten. Nun waren die Leute still. Es dauerte einige Zeit, bis sich das Blatt wendete. Dann hörte ich „Oh, da ist der Friese wieder". Argumentieren bringt da nichts. Am schnellsten verstummen die Kritiker, wenn man sehr gute Leistungen vorweisen kann. Ich hatte danach keine Probleme mehr, auch nicht mit Richtern. Wil Gerritsen sehr wohl. Sie benötigte sogar eine Zustimmung, dass sie auf einem Hengst reiten durfte, die anderen hatten Angst

Premiere für Lammert

Zum allerersten Mal erschien Alex von Silfhout mit Lammert 260. Es war seine Dressurpremiere im Stammland der Friesenzucht, ein gekörter Hengst in der Klasse „Z". Das Paar wurde zum Vorbild, ein ganz normaler Anblick, mehr noch, ein Muss für jeden Deckhengst heute. Damals schrieb ich im „Phryso" über Lammerts Debüt: „Viele Zuschauer in Friesland waren gespannt, wie der Reservesieger unter den Deckhengsten 1982, Lammert 260 (V.: Bjinse 242) seine Prüfungsaufgabe meistern würde. Lammert hat in diesem Jahr die Nachkommensprüfung bestanden und blickt gelassen in die Zukunft. Mit seiner

Die Showgruppe Fleurop. Chic in Königsblau auf ihren Friesen im Damensattel. Foto: Melissen

Mähnenpracht und dem Behang ist er schon eine imposante Erscheinung. Im Trab kommt er hoch und setzt schön unter. Alex von Silfhout hat einen ausgezeichneten Sitz. Der erste Prüfungsteil war deutlich besser. Im Schritt neigt er zum Tauchen, der starke Schritt erinnert mehr an ‚Hals strecken'. Lammert schien Konditionsprobleme zu haben, er machte gegen Ende einen müden Eindruck." Lammert wurde Dritter. Die Müdigkeit ist leicht zu erklären. 1982 gab es noch kaum künstliche Besamung. Der Hengst aus Lunteren stand jeden Tag auf dem LKW, reiste im Jahr 60.000 bis 70.000 Kilometer durch das ganze Land, um im Natursprung so 200 Stuten im Jahr zu decken. Kaum zu Hause, standen Training und Turniere auf dem Programm. Dann darf man doch im Oktober auch ein bisschen müde sein, nicht wahr? Jos Hofer und Drys nahmen Unterricht bei Hans Riegler, Bereiter und nun Oberbereiter der Spanischen Reitschule in Wien. Jos war mit Drys häufig in Wien. Das finanzierte sie mit diversen Jobs. Drys fehlten nur wenige Punkte, um im Prix St. Georg starten zu können. Soweit kam in den Niederlanden kein anderes Friesenpferd. Bis zum seinem 18. Lebensjahr war Jos Hofer mit ihm auf Turnieren. Der Hengst starb im Frühjahr 2000, fast 29 Jahre alt.

Bahnbrechende Leistungen

Diese Pioniere haben den Weg für das Friesenpferd im Dressursport geebnet. Ihr Vorbildcharakter ist deutlich. Aber vielleicht ein viel größeres Kompliment verdienen die vielen Hundert (nun noch) unbekannten Reiter im In- und Ausland, die mit ihren Friesen auf Turnieren starteten. Sie wurden dort sicherlich nicht immer mit offenen Armen empfangen. Selbst in den eigenen Reitvereinen mussten sich diese Hartnäckigen häufig dumme Bemerkungen anhören, wenn sie mit so einem schönen Schwarzen am Dressurunterricht teilnahmen. Auch viele Richter mußten sich erst an Friesen in der Dressur gewöhnen. Für viele von ihnen gehörte ein Friese vor die Sjees oder ein anderes Fahrzeug, mit Sicherheit aber nicht unter den Sattel. Sicherlich gab es auch Neid, wenn ein Reiter in das Viereck einritt, auf einem fürstlichen Rappen mit imponierender Brust, im Wind wallender Mähne und Federn an den Beinen. Das macht Eindruck und vielleicht sogar ein paar Pluspunkte.

Olympiateilnehmerin Tineke Bartels trainierte zwei Jahre den Deckhengst Reyert und machte das Friesenpferd als Reitpferd „salonfähiger". Foto: Melissen

Es geht noch weiter

Die bekannte Dressurreiterin und Olympiateilnehmerin Tineke Bartels-de Vries sorgte in den vergangenen zwei Jahren mit dem Deckhengst Reyert für einen gewaltigen Aufschwung. Immer, wenn sie zu Dressurseminaren kam, wurde sie gebeten, doch den schönen Rappen vorzureiten. Das hilft natürlich. Reyert ist nun wieder zu Hause in Heeg, aber das FPS sollte alles daransetzen, damit Tineke Bartels wieder einen Friesen im Stall hat. Der Internationale Richter mit olympischen Status Jan Peeters sagte nach einem Seminar mit Tineke Bartels, er habe keine Probleme mit Friesenpferden in den höchsten Dressurregionen. Diese Aussage sollte Stimulans für all die Menschen sein, die gerne dies Niveau erreichen möchten. In Amerika gehört 1997 die Friesenstute Jelsche zur nationalen Dressurauswahl. Das wäre natürlich einzigartig, wenn es wirklich mal soweit kommen würde und sie in die Dressurmannschaft aufgenommen würde. Und auch in Deutschland arbeiten viele Reiter und Reiterinnen hart in der Dressur, auch wenn sie noch auf starken Widerstand bei den Richtern stoßen, die das Friesenpferd nur als Fahrpferd schätzen. Das ist jammerschade. Schlimmer noch ist die aktuelle Situation in Frankreich, wo zum Schutz der eigenen Zucht EU-Richtlinien ignoriert werden. Sowohl die Zucht als auch die Teilnahme von Friesenpferden an Turnieren wird dort verhindert, indem die zuständigen französischen Behörden die Rasse Friesenpferd nicht anerkennen. Turnierteilnehmer müssen das Stammbuchpapier ihres Friesen einschicken. Sie erhalten ein Papier mit dem Vermerk „Rasse unbekannt" zurück und sind ihr offizielles FPS-Papier los. Die Zuständigen in Brüssel sollten zügig auf das Drängen von FPS, WFHO und niederländischer Behörden reagieren, denn EU-Richtlinien gelten in der ganzen europäischen Gemeinschaft und somit auch in Frankreich.

Sie sind nicht nur intelligent und schön. Foto: Stuewer

Sondern auch sehr neugierig und freundlich. Foto: Slawik

Sie und Ihr Friese

Worauf sollten Sie achten, wenn Sie mit Ihrem Friesen Dressur reiten wollen? In jedem Fall sind folgende Punkte wichtig:

Der Friese ist ein spätreifes Warmblutpferd. Erst im fünften Jahr ist er wirklich erwachsen und hinsichtlich des Skeletts und der Muskulatur stark genug. Seien Sie vernünftig und nehmen Sie sich Zeit. Setzen Sie sich nie auf einen Dreijährigen und gehen wie verrückt an die Arbeit, Sie ermorden das Tier damit. Ein Friesenpferd ist intelligent und außergewöhnlich arbeitsbereit. Übungen werden schnell verstanden. Das verleitet aber auch dazu, das Pferd zu überfordern. Der Friese macht immer brav mit, aber irgendwann ist er „kaputt“. Sie haben nicht nur körperlich viel zu viel von ihm gefordert, sondern seine Aufnahmefähigkeit vollkommen überfordert. Schleichend machen sich Lahmheiten vorn und hinten bemerkbar, Kraftlosigkeit, nicht-mehr-arbeiten-wollen, kurz, der Schwung ist raus und Sie haben ein trauriges Häufchen schwarzen Elends in der Box stehen. Im schlimmsten Fall sind Sie noch böse auf ihren treuen Friesen, dass er nicht durchgehalten hat, und Sie verkaufen ihn. Eigentlich sollten Sie sich selbst zum Kauf anbieten und Ihren Friesen um Vergebung bitten. Denn Sie haben den Fehler gemacht und nicht Ihr Pferd. Sie sind viel zu gierig, hastig und vielleicht auch zu ehrgeizig gewesen und Ihr Friese sitzt in der Patsche. Nochmals, wenn Sie mit ihrem Friesenpferd an Dressurturnieren teilnehmen wollen, ist Grundregel Nummer 1: Seien Sie vernünftig und nehmen Sie sich Zeit.

Begreifen Sie, dass Sie es mit einem lebenden Wesen zu tun haben, das durch die Art und Weise wie Sie mit ihm umgehen, Ihnen vertraut und gerne für Sie arbeitet. Behandeln Sie ihr Pferd ehrlich, fordern Sie nichts Unmögliches, was erst viel später an der Reihe wäre. Fragen Sie sich mal, ob Sie Spaß daran gehabt hätten, als Vierzehnjährige/r den Marathon von Rotterdam, Berlin oder New York zu laufen, regelmäßig eine deutliche Peitschenaufforderung zu spüren und zehn Minuten unter dem Weltrekord anzukommen. Können Sie sich da einfühlen? Ich glaube, wir verstehen uns.

So beginnt das Training für ein junges Friesenpferd: ruhig longieren und sich Zeit nehmen. Foto: Slawik

In vollem Galopp mit wehender Mähne. Foto: Melissen

Der Anfang

Beginnen Sie Ihren etwa Dreijährigen ruhig zu longieren. Niemals an einem Reithalfter mit Gebiss, sondern an einem Kappzaum ohne Gebiss. Mit Gebiss können Sie noch lange genug arbeiten. Arbeiten Sie ruhig auf einem großen Außenplatz und gebrauchen Sie viel Ihre Stimme. Ein junger Friese muss nach einem langen Winter in der Box erstmal seine Energie los werden. Gewöhnen Sie Ihren Friesen bereits in der Box an den Kappzaum. Bleiben Sie ruhig, wenden Sie so wenig wie möglich Gewalt an, vermeiden Sie Lärm oder Schlagen. Lassen Sie den Kappzaum 15 Minuten drauf und nehmen Sie ihn dann wieder ab. Longieren Sie anfangs nur fünfzehn, zwanzig Minuten pro Tag und immer nur im Schritt. Auch wenn Ihr Friese noch lange nicht müde zu sein scheint, machen Sie in den ersten Wochen nicht zuviel. Wechseln Sie häufig die Richtung und lehren Sie Ihren Friesen auf Stimmbefehle zu gehorchen. Bedenken Sie, dass für ein junges Pferd, das noch alles lernen muss, vieles fremd ist. Strafen Sie nicht gleich, aber korrigieren Sie ruhig und beherrscht. Verwenden Sie wenn nötig eine Longierpeitsche zur Korrektur. Ein kurzer Tick reicht meist aus. Wenn die Befehle im Schritt sicher befolgt werden, probieren Sie dann ruhig zu traben. Sie werden überrascht sein, wie schnell Ihr Friese weiß, was Sie von ihm wollen. Und belohnen Sie ihn viel und häufig, nehmen Sie dazu Leckereien. Longieren Sie ein dreijähriges Pferd nie länger als vierzig Minuten. Und wenn Sie die Kunst des Longierens noch nicht beherrschen, nehmen Sie zuerst selbst Unterricht. Nehmen Sie ein gutes Lehrbuch zur Hand, schauen Sie erfahrenen Reitlehrern zu, fragen Sie viel und prägen sich nachdrücklich ein, dass Sie es mit einem vollkommen unerfahrenen Pferd zu tun haben.

Halfter und Gebiss

Ihr Friese ist inzwischen gewöhnt häufig mit Ihnen zusammen zu sein, denn Sie putzen und bürsten ihn regelmäßig. Ihr Pferd ist auch daran gewöhnt, ein Halfter zu tragen. Nebenbei bemerkt, gewöhnen Sie Ihren Friesen daran, ohne Halfter auf der Weide und in der Box ruhig zu stehen. Ich habe genug grauenhafte Beispiele gesehen, indem ein Pferd sich ernsthaft durch ein

Halfter verletzt hat oder schlimmer. Überall kann es etwas geben, wo ein Halfter hängen bleiben kann. Die Folgen sind meist schrecklich. Es ist meist nicht so schwierig, selbst junge Fohlen mit der Stimme an die Boxentür zu locken und ihnen beizubringen, was ein Halfter ist. Später werden Sie viel Freude daran haben. Ein Pferd, egal wie alt, das sich bei seinem „Chef" wohl fühlt, kommt automatisch zur Boxentür und lässt sich willig das Halfter umlegen. Am Tor zur Weide oder zum Auslauf funktioniert das genauso. Wenn sie nicht zum Zauntor kommen, aber Ihre Person ist ihnen vertraut, bleiben sie meist ruhig stehen und Sie können hinein, um das Halfter anzulegen.

Neben dem Longieren können Sie Ihren Dreijährigen auch an das Gebiss gewöhnen. Sie haben sich inzwischen ein gut passendes Zaumzeug aus Leder (am besten ein rundgenähtes) angeschafft. Das Zaumzeug darf in keinem Fall zu klein sein. Nehmen Sie es lieber etwas größer und achten Sie darauf, dass es gut zu verstellen ist. Für die Gewöhnungsphase eignet sich ein Gummigebiss. Ihr Friese wird es sicher seltsam finden, aber auch schnell bemerken, dass es nicht weh tut. Befestigen Sie das Gebiss an den Schnallen des Zaumzeug, legen Sie das Gebiss in Ihre Hand und schieben Sie es vorsichtig in den Mund Ihres Pferdes. Ein alter Trick ist es, mit Daumen und Zeigefinger eben auf beide Mundecken zu drücken. Achten Sie darauf, dass das Gebiss normal auf der Zunge und den Laden liegt. Die Gebissringe dürfen die Maulspalten nicht hochziehen. Auch ein Flötengebiss eignet sich. Das ist ein Metallstab mit Löchern, womit schön gespielt werden kann. Schauen Sie, wie Ihr Friese auf den Zaum und das Gebiss reagiert, belohnen Sie ihn, wenn es keine Probleme gibt, reden Sie mit Ihrem Pferd und nehmen Sie es nach zehn Minuten wieder ruhig ab. Wiederholen Sie dies nach 15 Minuten wieder. Wenn Sie das Kopfstück mit Gebiss jeden Tag anlegen, werden Sie bemerken, dass Ihr Friese nach einer Woche kein Problem mehr damit hat. Hat er sich daran gewöhnt, dann nehmen Sie ihn mal mit Zaumzeug nach draußen und gehen ein Stück mit ihm spazieren. Das baut gegenseitiges Vertrauen auf. Und gegenseitiges Vertrauen ist die Basis für alles. Darin finden Sie die Möglichkeit um mit Ihrem Friesen zu arbeiten. Es ist für Ihren Friesen der Anker, um später alles für Sie zu tun.

Achten Sie auf ein gut passendes Zaumzeug und ein einfach gebrochenes Gebiss. Foto: Slawik

Herrlich, so auf der Heide. Foto: Melissen

Keine Kunststückchen

So nach vier Monaten Longieren und Gewöhnung an Kopfstück und Gebiss sehen Sie, dass sich bei Ihrem Friesen allerlei Muskeln bilden. Der Hals nimmt Form an, die Hinterhand wird kräftiger, die leichte Arbeit setzt die Muskulatur am ganzen Leib in Gang. Denken Sie nun nicht, dass Sie oder Ihr Pferd nun intensiver arbeiten müssen. Ihr Friese muss die Arbeit als leicht erfahren. Sie selbst müssen Spaß daran haben, Ihr vierbeiniger Kamerad nicht minder. Je ruhiger Sie beginnen und Ihrem Pferd die Zeit gönnen, um die Eindrücke im Kopf zu verarbeiten, um so mehr Freude werden Sie später haben. Lassen Sie sich nicht beeindrucken durch andere, die stolz darauf sind, in zwei Wochen im Sattel zu sitzen und zu reiten. Vertrauen Sie Ihrem Gefühl. Es ist Ihr Pferd und Sie kennen es am besten. Sie wissen, worauf es wie reagiert. Ein Pferd und mit Sicherheit ein Friesenpferd ist kein Massenprodukt. Es ist ein einzigartiges Wesen, mit seiner eigenen Art, Tempera-

Eine Leckerei zur Belohnung. Foto: Slawik

ment und Charakter. Beachten Sie eins: Bleiben Sie immer konsequent. Täuschen Sie sich nicht, ein Friese ist sehr intelligent und hat ein ausgeprägtes Gedächtnis. Hengste wollen täglich herausfinden, wer der Klügere ist, er oder Sie. Auch Stuten dürfen Sie in dieser Hinsicht nicht unterschätzen. Bringen Sie ihnen keine Kunststückchen bei, die Sie später bereuen. Anfangs ist es nett, aber Sie und Ihr Pferd haben ein Problem, wenn Sie ein Verhalten bestrafen müssen, das vorher so entzückend war. So hatte jemand sein Hengstfohlen gelehrt, zur Begrüßung die Vorderbeine auf die Schulter seines Herrn zu legen und ihm einmal über den Kopf zu lecken. Das wurde viel weniger lustig, als aus dem Fohlen ein Jährling geworden war. Sein Besitzer war dann zwei Monate weg, kam nach Haus und wurde von dem jungen Hengst wie gewohnt begrüßt. Der Besitzer landete im Krankenhaus und der Hengst verstand die Welt nicht mehr, weil er die Strafe nicht verstand. Machen Sie so etwas nie.

Trense

Wenn Sie und Ihr Friese sich mit dem Longieren in Schritt und Trab verstehen, wenn Sie sehen, wie sich Ihr Friese entwikkelt, dann ist es Zeit für den nächsten Schritt. Sie tauschen das Gummi- oder Flötengebiss gegen ein einfaches Trensengebiss. Machen Sie es nicht kompliziert, kaufen Sie keine besonderen oder teuren Gebisse, lassen Sie sich nicht einreden, dass ein Friesenpferd nur auf dem traditionellen friesischen Rosengebiss geritten wird, das ist kompletter Unsinn. Ein simples Trensengebiss ist für ein junges Pferd ausreichend. Damit bleibt sein Maul empfindsam und davon können Sie später nur profitieren. Lassen Sie Ihren Friesen sich an das neue Gebiss gewöhnen. Passen Sie auf, dass das Gebiss beim Einlegen oder Herausnehmen niemals gegen die Zähne schlägt. Das ist schmerzhaft. Viele junge Pferde sind im Maul verdorben, weil das Gebiss mit Gewalt eingelegt wurde und mindestens genauso hart gegen die Zähne schlug.

Meistens wird Ihr Friese Ihnen vertrauen. Legen Sie das neue Gebiss auf Ihre flache Hand, lassen Sie es beschnüffeln und das neue Gebiss wird ohne Probleme angenommen werden. Dann schließen Sie das Reithalfter. Beim Abnehmen lösen Sie die Schnallen, das Genickstück wird über die Ohren genommen und das Gebiss mit der flachen Hand wieder aufgefangen.

Mit dem Sattel vertraut machen

Wird das Trensengebiss angenommen, geht es weiter. Sie gewöhnen Ihren jungen Friesen zunächst langsam an eine Belastung auf dem Rücken. Sie putzen ihn und nebenbei spielerisch hängen Sie sich leicht über seinen Rücken. Um zu sehen, wie er auf den Gurt reagiert, legen Sie beide Arme über und unter die Stelle, an der später der Gurt liegen wird, und drücken ein wenig. Ihr Friese wird mehr überrascht als erschrocken sein.

Lassen Sie sich Zeit, übereilen Sie nichts. Nehmen Sie ein einfaches Band aus Tuch und legen Sie dies über den Rücken. Lassen Sie das Pferd sich an die losen Enden gewöhnen. Probieren Sie ruhig das Band zu schließen, nicht fest, sondern ganz locker. Es dauert nicht lange und Sie können einen Sattel ohne Gurt auf den Rücken Ihres Friesenpferdes legen. Sie müssen darauf achten, dass ein Friese von Natur aus einen breiteren Rücken hat als die anderen Warmblüter. Es gibt Dressur-

Überfordern Sie Ihren Friesen nicht! Foto: Stuewer

oder Vielseitigkeitssättel mit einer breiteren Kammer, die ausgezeichnet auf einen Friesen passen. Ist der Sattel nicht mehr fremd, versuchen Sie dann mal einen Gurt umzulegen. Sehr vorsichtig natürlich, das lohnt sich immer. Üben Sie Schritt für Schritt den Gurt fester zu machen. Beachten Sie, dass ein junges Pferd sich leicht erschrecken kann. Während Sie weiter machen, schwatzen Sie am besten viel und leise mit Ihrem schwarzen Wunder.

Aufsteigen

Die Vorbereitung für das Aufsteigen ist die nächste Phase. Sie legen den Kappzaum an, legen den Sattel auf, haken die Longe ein und nehmen Ihren Friesen mit auf den Außenplatz. Am besten zusammen mit einer vertrauten Person. Sie gurten nach, ziehen den linken Steigbügel nach unten, und mit der Hand hängen Sie sich ein wenig daran. Ihr Friese wird den Druck auf dem Rücken spüren. Schauen Sie wie er reagiert. Wiederholen Sie es auf der anderen Seite. Belohnen Sie ihn. Wiederholen Sie alles noch ein paar Mal und longieren Sie ihn dann mit Sattel und wieder hochgezogenen Steigbügeln.

So arbeiten Sie sich langsam heran, bis Sie einen Fuß in den Steigbügel setzen und über dem Sattel liegen können. Das Pferd fühlt zum erstenmal Gewicht auf dem Rücken. Nach einiger Zeit können Sie ruhig aufsteigen und sehr behutsam

Alle Dressurelemente kann man prima auch während des Ausreitens üben. Foto: Slawik

im Sattel Platz nehmen. Sehr vorteilhaft ist es, unter dem Reithalfter ein starkes Nylonhalfter anzulegen. Die Longe wird am Halfter befestigt und so hat Ihr Helfer Ihren jungen Friesen immer fest in der Hand, ohne dass Sie im Gebiss hängen müssen.

Es ist eine großartige Erfahrung, wenn Sie nach den vielen Monaten Geduld und Aufmerksamkeit, Longieren, Vorbereiten, Gewöhnung an Gebiss und Sattel zum erstenmal ruhig auf Ihrem Friesen sitzen ohne gleich den Hausarzt rufen zu müssen. Die Zeit, die Sie in dieser wichtigen Phase für sich und Ihren Friesen investieren, zahlt sich meist ein Leben lang aus. Sie lassen Ihren Friesen in seinem Wert, Sie behandeln ihn als Partner und er schenkt Ihnen vollständiges Vertrauen. So ein Paar kann es weit bringen.

Der Schritt als Basis

Fangen Sie im vierten Lebensjahr Ihres Friesen mit leichter Arbeit unter dem Sattel an. Widmen Sie dem Schritt und der Stellung große Beachtung, auch wenn es sehr langweilig erscheint. Sie wissen ja, Ihr Friese ist ein spätreifes Pferd. Das vierte Lebensjahr können Sie nutzen, um die Hinterhand zu stärken. Friesen sind von Natur und aufgrund ihres Gebäudes etwas träger in der Hinterhand als andere Warmblüter. Und wie Sie wissen, sitzt der Motor eines Pferdes immer hinten. Eine prächtig erhabene Vorhand ist schön, aber der Antrieb muss von hinten kommen. Natürlich dürfen Sie regelmäßig schön traben, aber die Schrittarbeit auf einer einfachen Trense ist die Basis für alles. Reiten Sie darüber hinaus mit einer freundlichen Hand, probieren Sie mit den Handgelenken zu federn, so bleibt Ihr Friese im Mund weich. Wenn Sie gemeinsam arbeiten und Ihr schwarzer Kamerad zufrieden auf dem Gebiss kaut, dann wissen Sie, dass er sich wohlfühlt. Suchen Sie sich guten Unterricht, zu dem auch ein Friese willkommen ist. Sprechen Sie mit Ihrem Reitlehrer über die Besonderheiten eines Friesenpferdes. Sie wissen meist mehr darüber: Begeistern Sie ihn! Gehört das Friesenpferd in seinen Augen aber nur vor einen Wagen und nicht unter den Sattel, grüßen Sie dann freundlich und suchen Sie sich eine neue Adresse. Die anderen wissen nicht, was ihnen entgeht!

Abwechslung

Nehmen Sie sich ruhig die Zeit für die sorgsame Ausbildung Ihres Friesen. Dann kann schon nichts schief gehen. Lassen Sie sich nicht durch andere aus dem Konzept bringen. Wenn Sie am Anfang Zeit, Ver-

„Hals strecken" hier in der Heide zur Entspannung nach der Arbeit. Foto: Melissen

nunft und Geduld investieren, dann haben Sie die besten Voraussetzungen um viele Jahre Freude an Ihrem Friesen zu haben. Schauen Sie auf die Dressurcracks, ihre Pferde sind alle älter als zehn Jahre. Genießen Sie die Zeit der Ausbildung und die Turniere. Der erste Turniererfolg kann dann gefeiert werden. Bleiben Sie sich selbst gegenüber äußerst kritisch. Denn es ist leicht, nach einem mäßigen Ritt die Schuld Ihrem Friesen oder den Richtern zu geben. Meistens wird es an Ihnen selbst liegen. Seien Sie so ehrlich dies zuzugeben. Es ist auch wenig sinnvoll, jeden Tag dieselbe Prüfungsaufgabe zu üben. Damit langweilen Sie ihren Friesen tödlich. Man kann alle Aufgabenteile auch während eines Ausrittes üben. Reiten Sie abwechslungsreich, gönnen Sie rechtzeitig Ruhe und Weidegang und machen Sie ab und zu etwas Verrücktes. Nehmen Sie Ihren Friesen mit in den Urlaub. Das hält seinen Geist wach. Ein Beispiel: der Deckhengst Gaye 295 war als junger sechsjähriger Hengst im Sommer 1991 startberechtigt für Z-Dressur. Plötzlich ging nichts mehr. Den Besitzern wurde empfohlen, dem Hengst Ruhe zu geben und ihn auf eine Weide zu bringen. Später im Sommer machte jemand den Vorschlag, ihn einzuspannen und mit ihm Dressur zu fahren. So gesagt, so getan. Die Arbeit vor dem Wagen war neu und in kürzester Zeit blühte Gaye wieder auf. Er hatte richtig Spaß, und mehr noch, es stellte sich heraus, dass Gaye vor dem Wagen ein echtes Talent war. Bereits im Oktober 1991 wurde er mit Tineke de Groot Sieger vor der Sjees in der Niederländischen Meisterschaft aller Friesendeckhengste vor Reitse, Dirk und Gerlof und noch sieben anderen. Danach hatte er auch wieder Freude an der Dressur unter dem Reiter.

Das macht Spaß: Ohren gespitzt und aufmerksam schauend. Foto: Slawik

Werden auch Sie Pionier

Genießen Sie es, Ihren Friesen zu reiten. Wenn Sie mit einem jungen Friesenpferd beginnen, denken Sie nach und bilden Sie es in Ruhe und mit Geduld aus. Haben Sie sich einen ausgebildeten Friesen gekauft, dann machen Sie es genauso. Gehen Sie zurück zum Anfang und entdecken Sie gemeinsam, was gut für Sie ist. Erfahren Sie, wie komfortabel man auf so einem schönen schwarzen Exemplar sitzt, während im Trab die Mähne weht. Erklären Sie den Richtern, die nicht an eine Trabverstärkung mit Knieaktion gewöhnt sind, dass gerade dieser erhabene Gang sie auf der ganzen Welt berühmt gemacht hat. Außerdem hat eine Trabverstärkung nichts mit zwei den Himmel streifenden Hufen zu tun, der Impuls muss aus der Hinterhand kommen und die Verstärkung erfolgt aus der Schulter, mit und ohne Knieaktion.

Wenn Sie an Turnieren in einer Gegend teilnehmen, in der Friesenpferde noch unbekannt sind, werden Sie sicherlich nicht überall mit Jubel empfangen. Betrachten Sie sich dann als einen der Pioniere, die den anderen zeigen, was für ein besonderes Pferd Ihr Eigentum und Kamerad ist. In jedem Fall wird Ihr Friese Sie mit seiner Intelligenz, Treue, Anhänglichkeit und Arbeitsfreude jahrelang belohnen.

Ein junger Friese wird vor einen leichten Trainingswagen gespannt. Foto: Stuewer

Fahren

Wenn Sie das Kapitel über die Geschichte gelesen haben, dann wissen Sie, dass das Friesenpferd durch die Jahrhunderte hin viel als Kutschpferd eingesetzt wurde. Das Aufkommen des Viererzugfahrens hat die Rasse um 1970 vor dem Untergang gerettet. Und wenn Sie jemals sahen, wie ein Gespann, ein Viererzug oder sechs Friesen vor einer Kutsche traben, dann können Sie sich vorstellen, warum in der Vergangenheit Könige, Fürsten und Herzöge in ganz Europa diese Pferde im Stall haben wollten. Auch heute wird das Friesenpferd noch häufig vor die Kutsche gespannt. Nicht nur im Sport, sondern auch zum Spaß an der Freude. Von Natur aus eignet sich das Friesenpferd hervorragend für das Dressurfahren. Eine auffällige Erscheinung mit all dem Behang, der Arbeitsfreude, der Intelligenz sowie den schönen erhabenen Gängen.

Showfahren

Was Sie bereits in dem Kapitel über die ersten Schritte zum Reiten lesen konnten, gilt ungekürzt auch für das Fahren. Seien Sie vernünftig, lassen Sie sich Zeit zum Ausbilden Ihres Friesenpferdes zum Fahrpferd. Haben Sie Geduld und lassen Sie es ganz ruhig angehen. Sorgen Sie für ein gut passendes Geschirr. Achten Sie vor allem darauf, dass es am Widerrist gut aufliegt und nicht klemmt, damit Ihr Friese keine Wunden oder Druckstellen bekommt. Gewöhnen Sie Ihren jungen Friesen ruhig an das Gebiss, longieren Sie viel. Denken Sie daran, dass sich beim Longieren mit der Doppellonge junge Pferde leicht erschrecken können, wenn die Leinen ihre Beine berühren. Sie dürfen nicht in Panik geraten, wenn Ihr Friese mal zur Seite springt, das ist ganz normal. Bleiben Sie ruhig und beruhigen ihn. Beachten Sie, dass viele junge Pferde ängstlich reagieren, wenn der Schweifriemen zum ersten Mal angelegt wird. Machen Sie es ruhig und spielerisch. Strafen Sie Ihren Friesen nicht, wenn er sich erschreckt. Er sieht nicht, was Sie machen, er fühlt nur Ungewohntes an der Hinterhand. Wenn Sie ihm zum erstenmal, nachdem Sie ihn an Gummigebiss und Trense gewöhnt haben, eine Liverpoolstange einlegen, seien Sie freundlich. Wickeln Sie ein weiches Leder (zum Beispiel ein Fensterleder) um die

Gespann, vollkommen im Gleichtakt mit Knieaktion und kraftvoller Hinterhand. Foto: Melissen

Stange und machen Sie es durch und durch nass und legen Sie es dann in den Mund Ihres Friesen. Es ist sehr wichtig, den Mund weich zu halten. Befestigen Sie die Leinen immer im ersten Loch, das heißt im obersten von den dreien. Lassen Sie die Peitsche beiseite. Besuchen Sie in jedem Fall erst einen guten Fahrlehrgang. Damit verhindern Sie, dass Sie sich ein eigenes Fahrsystem zulegen.

Kein eigenes Fahrsystem

Viel zu häufig sehen wir ein System, das wie folgt aussieht: Ein Pferd, das vollkommen schief läuft. Ein Ziehen an der linken Leine bedeutet links ab, ein Ruck an der rechten Leine und der Friese soll nach rechts. Unbarmherzig alles nach hinten ziehen bedeutet für das nicht zu beneidende Wesen, dass es anhalten soll. Und dieses von Natur aus so freundliche Wesen läuft dann auch noch vor einer viel zu schweren, mit Personen beladenen Kutsche. Stellen Sie sich mal vor, ein blankes Stück Eisen im Mund, zwei lederne Leinen daran, vor einem Wagen mit drei Personen. Einer von den Dreien fuhrwerkt dann ständig an den Leinen ziehend in Ihrem Mund herum. Würden Sie dann nicht auch gerne kurz und entschlossen blinkende Hufeisen zeigen, um den Menschen Mores zu lehren? Ich sehr wohl. Ich würde sofort die Mitarbeit verweigern. Sie dürfen nie vergessen, dass der Friese ein spätreifes Pferd ist, welches erst mit fünf Jahren erwachsen wird. Ein junges Tier schon voll zu belasten, da sind Probleme vorprogrammiert. Sie sollten sich wirklich die Zeit nehmen, ein einfaches und stabiles Fahrzeug zu kaufen oder zu bauen. Sie können zu zweit darauf sitzen und Ihr junger Friese muss nicht so schwer ziehen.

Viererzugfahrer Leo Kraaijenbrink kauft meistens junge dreijährige Pferde. Er trainiert sie erst zwei Jahre. Erst in ihrem fünften Jahr dürfen sie ab und zu mit auf's Turnier, aber nur zur Dressur. Für den Marathon wartet er noch ein weiteres Jahr.

Muskelanspannung und eine schöne Kopf-Halshaltung. Foto: Melissen

Seine Friesen laufen ihr ganzes langes Leben lang im schwersten Zweig des Fahrsportes. Ein Beispiel: der Wallach Leon kam als Dreijähriger, lief als Hinterpferd im Friesen-Viererzug an Kilometern einmal rund um die Welt. Topfit als 18-jähriger (!) schaffte er den Endspurt beim Marathon während der Weltreiterspiele 1994 trotz tropischer Hitze. Zwei Jahre später ging er in Pension. Bis 1999 wurde Leon jede Woche im Friesen Pferdezentrum für den Fahrunterricht mit Leo Kraaijenbrink eingespannt. Das rechte Führpferd Woutje ist nun 20 und ist schon genauso lange dabei wie Leon. Er geht 2000 in Pension. Das ist dann der Lohn, wenn man vorsichtig beginnt und vernünftig bleibt. Das sollte ein Vorbild für Sie sein.

Sjees mit geschwungenen Paneelen, Ende 18. Jahrhundert, mit der klassischen Friesenanspannung. Vor der Sjees Gerbrand, 1997 niederländischer Meister im Showfahren in der Ehrenklasse. Foto: Melissen

Vor der Sjees

Die Friesen-Sjees stammt aus dem Rokoko im 18. Jahrhundert. Der Name wurde von dem französichen „chaise" abgeleitet, das wörtlich „Stuhl" bedeutet.

Charakteristisch sind die zwei hohen Räder, die entweder weiß oder dunkel gestrichen sind. Der kleine Kasten, meist aus Ulmenholz, hängt in ledernen Riemen. Die kleine Grundfläche verbreitert sich wellenförmig nach oben in krumme Paneele. Daraus entstand die Bezeichnung „krom paneelen"-Sjees. Die Sjees bietet Platz für zwei Personen. Auf den Holzflächen sind häufig prächtige Malereien. Die einfarbig lackierten Sjeesen ziert meist ein gemaltes Ornament auf der Rückseite. Der Aufbaurahmen ist geschnitzt und mit Blattgold bemalt. Auch am Untergestell gibt es vergoldete Schnitzereien. Bei manchen Sjeesen sieht man selbst auf den Radspeichen goldfarbene oder vergoldete Verzierungen. Im Kasten ist eine schmale, mit Samt gepolsterte Sitzbank. Die Farbe ist gleich der Holzlackierung oder steht im Kontrast dazu. Die Sjees ist die einzige Kutsche, in der der Fahrer links sitzt. Der Passagier sitzt auf dem Ehrenplatz rechts.

Authentisches Kostüm

Die Friesenquadrille, die Showfahrer (tuigers) und die Teilnehmer an Ringfahrturnieren fahren immer noch mit der Sjees. Die Showfahrer gehören zur sportlichen Disziplin. Auf Wettkämpfen in den ganzen Niederlanden starten sie ihre Friesenpferde vor der Sjees in diversen Disziplinen. Es gibt jedes Jahr Meisterschaften für Einspänner, Zweispänner, Tandems, Deckhengste, Zuchtstuten, Einhorn-Anspannung (klavertje-drie), für Damen und speziell für junge Pferde. Die Showfahrer sind gern gesehene Teilnehmer. Sie kommen nicht nur mit ihren schwarzen Pferden und Sjeesen, sondern auch in ihrer schönen Friesentracht.

Der Herr trägt eine Jacke aus schwarzem Tuch, darunter eine Weste aus Damast, dazu schwarzen Hut und schwarze Kniebundhose mit blauen Socken. Der Junggeselle trägt weiße Socken. Silberschnallen auf den schwarzen Schuhen und silberne Knöpfe an der Weste gehören häufig auch dazu. Eine silberne oder goldene Taschenuhr macht die Herrentracht dann perfekt.

Wertvolle Damentracht

Die Tracht der Damen stammt aus der Zeit um 1850. Sie besteht aus einer Schößchenjacke mit weitem Rock und dazugehörigen Unterröcken, weißen Strümpfen und schwarzen Schuhen mit einer Silberschnalle. Um die Schulter tragen sie ein Tülltuch mit Bordüren oder geklöppeltem Rand sowie eine dazu passende Schürze. An einer Schlaufe der Jacke hängt eine Bügeltasche und ein „Chatelaine". Das sind drei Silberketten, an ihren Enden sind eine Büchse mit Nähnadeln, ein Nadelkissen und eine Schere befestigt, die Insignien der fleißigen Hausfrau.

Den Kopf schmückt eine breite, goldene Kappe. Sie ist aus 20-karätigem Gold, wiegt zwischen 100 und 140 Gramm und liegt eng am Kopf an. Darunter gehören zwei Mützen, die das Haar bedecken. Über die Kappe wird eine sehr fein gestrickte oder geklöppelte Mütze gezogen. Im Nacken wird ein gefalteter Spitzenstreifen mit Nadeln befestigt. Zwei goldene Knöpfe zieren die Kappe vorne. Die Breite der Goldkappe und die Juwelen deuteten auf den Wohlstand einer Familie hin. Bei Damen aus wohlhabenden Familien sind zusätzlich Diamanten auf dem Stirnstück. Zum typischen Schmuck gehören auch Goldketten mit Granaten oder Blutkorallen, Ohrringe, Armbänder und eine Brosche, die das Tuch an der Jacke befestigt. Viele dieser kostbaren Trachten sind seit Generationen in Familienbesitz. Stoff und Farbe der heute gefertigten Trachten werden auf die Farbe der Sjees abgestimmt.

Älteste Sjees

Ein Friesengespann vor der Sjees, gefahren von einem Herrn in Begleitung seiner Dame, beide gekleidet in der friesischen Tracht. Inzwischen werden auch wieder neue Sjeesen gebaut. Viele der alten wurden, als man sich vom Friesenpferd verabschiedete, zerschlagen und verbrannt. Anfang der achtziger Jahre fanden Piet Wienia und Popke van der Meulen, damals im FPS-Vorstand und Körmeister, unter einem Scheunenvordach im Freiluftmuseum von Arnheim fünf recht verwahrloste Friesen-Sjeesen. Man hatte sie dem Museum vermacht, dort aber keine Verwendung für sie. Nach einiger Überredungsarbeit konnten die beiden Herren sie kaufen. Sie wurden restauriert und sind noch heute im Einsatz. Es gibt sogar ein Stammbuch für alte Sjeesen, darin wurden inzwischen 185 Fahrzeuge aufgenommen. Die älteste stammt von 1772 und befindet sich im Besitz der Familie Van der Meulen aus Bergum/Friesland. Für das Ringfahren wird sie noch immer verwendet.

Ringfahren

In den Sommermonaten werden in Friesland, aber auch in anderen Provinzen, Ringfahrturniere veranstaltet. Sie gehen über vier Runden. Auf einer Straße wird eine Bahn von circa 200 Metern abgesteckt und mit Sand aufgefüllt. An jeder Bahnseite werden zwei Pfähle in gleichen Abständen aufgestellt. An den Pfählen ist eine Hand mit gespreizten Fingern. Die Begleitdamen in der Sjees bekommen eine Art Speer, mit dem sie den Ring, der zwischen den Fingern klemmt, aufnehmen müssen. Der Fahrer steuert Pferd und Sjees in flottem Trab so dicht wie möglich an den Pfahl heran. Dort steht auch ein Mitglied der Jury und beurteilt, ob der Ring korrekt aufgenommen wurde. Das Treffen des Ringes ist nicht ganz einfach, wenn man im schaukelnden Kästchen einer Sjees sitzt. Auch das Tempo wird beurteilt. Schon geringes Abbremsen vor dem Pfahl bringt Strafpunkte ein. In jeder Runde müssen vier Ringe, die zusammen 40 Punkte bringen können, aufgespießt werden. Wer nach vier Runden die meisten Punkte gesammelt hat, gewinnt. Bei Gleichstand wird noch eine Entscheidungsrunde gefahren. Das kann nochmals 10 Punkte einbringen. Die Zeit zählt auch mit. Der Gewinner erhält Schmuck oder Gebrauchsgegenstände.

Die Goldkappe liegt ganz eng am Kopf an. Das Schultertuch hängt zu einer Spitze auf dem Rücken und zeigt ein prächtiges Motiv. Goldkappe und Spitzen sind häufig Familienbesitz. Foto: Melissen

Detaille silberner Beschlag. Foto: Melissen

Brandus in geschmeidiger Bewegung vor der Sjees. 1999 wurde er zweifacher niederländischer Meister vor der Sjees, in der Ehrenklasse und bei den Deckhengsten. Foto: Melissen

Showfahren mit der Sjees

Beim Showfahren mit der Sjees wird auf Wettkämpfen an erster Stelle der Showwert des Trabes bewertet. Natürlich müssen Sjees, Pferd, Geschirr, Beschlag und Kleidung korrekt sein. Die Prüfungen werden von Richtern des Niederländischen Hippischen Sportbundes (NHS) gerichtet. Bei den meisten Turnieren werden fünf oder sechs Prüfungen mit unterschiedlichen Anforderungen für Friesenpferde ausgeschrieben. Es gibt offene Prüfungen, Prüfungen (limietklasse) mit Höchstgewinnsumme - maximal 5.500 HFL -, eine Ehrenklasse (ereklasse), Tandem, Damenfahren, immer eine Prüfung für

Die Körmeister voller Konzentration bei der Arbeit. Foto: Melissen

Zweispänner und auf großen Turnieren eine Einhorn-Anspannung (klavertje-drie), das heißt, zwei Stangenpferde und ein Führpferd. Es gibt Geldpreise, damit baut man sich eine Gewinnsumme auf. Ein junges Pferd beginnt einspännig in offenen

Showfahren vor der Sjees ist Leistungssport.
Dieses Gespann zeigt die erhabene Knieaktion, die so charakteristisch für das Friesenpferd ist. Foto: Melissen

Wettkämpfen, kommt dann in die Wettkämpfe mit begrenzter Gewinnsumme, nach Überschreiten der Gewinnsumme hat man die Ehrenklasse erreicht.

Für das Showfahren ist nur der Trab entscheidend. Beurteilt wird, ob die Hinterhand kraftvoll und weit unter den Schwerpunkt tritt, sich dadurch senkt, die Front hochkommt und die Knieaktion somit noch schöner wird. Weiter werden Balance, Takt und Stellung, ob gerade oder schief, bewertet. Die Halshaltung ist wichtig. Geht das Pferd schön vorwärts, zeigt es ein zufriedenes, freundliches Ohrenspiel. Ein gutes Exterieur wird sicherlich gern gesehen, aber an erster Stelle geht es um die Bewegung, um die Show. Beim zweispännigen Fahren wird auch geschaut, ob die beiden Pferde ein Gespann bilden. Zwei schwarze Friesen nebeneinander sind nicht automatisch ein schönes Gespann! Sie sollen zusammen Balance und gleichen Rhythmus im Trab finden und einen aufmerksamen Eindruck machen. So waren beispielsweise die Stuten Erma Model und ihre Tochter Ordina Ster von Jan Bosma uit St. Nicolaasga als Gespann nur schwer zu schlagen. Erma war die Chefin. Wenn der Parcours freigegeben wurde, gingen die Ohren nach vorne. Es dauerte keine drei Tritte und beide Damen trabten prächtig vorwärts und absolut synchron durch die Bahn. Von der Seite betrachtet, sah man nur eine Stute. Sie konnten den Meistertitel mehrfach erringen.

Tandems

Für das Tandemfahren gelten wieder andere Kriterien. Hier zieht das Hinterpferd die Sjees. Das Vorderpferd ist eigentlich die „Ballerina" in der Tandemanspannung. Sie darf nicht ziehen, sollte locker in den Leinen trabend die Show machen. Ohne Frage wird beim Showfahren deutlich, dass die Erfahrung und das Können des Fahrers eine große Rolle spielen. Außerdem braucht man einen dafür talentierten Friesen. Für die Tandemanspannung sind echte Fahrkünste gefragt, das gleiche gilt für das dreispännige Fahren (klavertje-drie). Bei letzterem traben zwei Pferde direkt vor der Sjees. Das dritte Pferd trabt in der Mitte in losen Leinen davor. Der Niederländische Hippische Sportbund (NHS) hatte lange Jahre nicht zugestimmt, dass Friesenpferde an landesweiten Meisterschaften im Tandemfahren teilnehmen dürfen, da dies keine typische Disziplin für

Eine Tandemanspannung. Das hintere Pferd zieht die Sjees, das vordere läuft wie eine „Ballerina" lose in den Leinen vorwärts. Hier sind echte Fahrkünste gefragt. Pander und Rykele auf dem Weg zum niederländischen Meistertitel 1998. Foto: Melissen

Die Wettkampfanspannung steht deutlich im Gesicht von Femmy Schreur-Bouma. Foto: Melissen

Friesen sei. 1988 schickte der Verein „Het Friese Tuigpaard" Fotos zum NHS, die zeigten, wie Freiherr van Eysinga Anfang des 20. Jahrhunderts auf seinem Gestüt „De Oorsprong" Friesen in Tandemanspannung fuhr. Danach mußte der Sportbund anerkennen, dass die Tandemanspannung auch bei Friesen eine historische Anspannung ist. Friesenpferde durften 1988 zum ersten Mal an den Meisterschaften teilnehmen.

Showfahren mit dem Turnierwagen

Neben dem Ringfahren und dem Showfahren mit der Sjees kennt der Verein „Het Friese Tuigpaard" seit 1992 noch eine dritte Disziplin. Es handelt sich dabei um das Showfahren mit einem Turnierwagen. Für viele ist nämlich die Anschaffung einer Sjees und der Friesentracht mit allem, was dazu gehört, viel zu kostspielig. Doch sie haben ein für das Showfahren talentiertes Friesenpferd im Stall und möchten gerne an Wettkämpfen teilnehmen. Für sie wurde diese dritte Disziplin geschaffen. In acht Jahren ist die Zahl auf fast achtzig aktive Fahrer angewachsen. Sie kommen nicht nur aus Friesland, sondern auch den anderen Provinzen der Niederlande. Sie fahren unter der Flagge der niederländischen KNF. Es gibt an die 14 Turniere in den nördlichen Provinzen. Es gibt die Klassen Einspänner mit Gewinnsummenbeschränkung (limietklasse) und Ehrenklasse (ereklasse), Zweispänner sowie die Damenklasse. Die Meisterschaften in diesen Rubriken sind noch inoffiziell.

Die Sjees - eine Schinderei

Die Vorliebe vieler Fahrer für den Turnierwagen ist leicht zu verstehen, denn das vierrädrige Fahrzeug ist viel leichter als die traditionelle Sjees. Letztere sieht mit ihren hohen Rädern und dem zierlichen Aufbau zwar leicht aus, ist es aber absolut nicht. Die Sjees wurde schon manchmal als Schinderei bezeichnet. Sie wiegt durchschnittlich 500 Kilogramm und zwar ohne Fahrer und Passagier. Das liegt am Untergestell aus massivem Holz und den schweren Rädern mit den eisernen Bändern, die um die Räder geschmiedet sind. Zum Vergleich: ein Marathonwagen, der von einem Vierergespann gezogen wird, wiegt 600 Kilogramm. Ein junger und noch nicht ausgewachsener

Mette und Durk, die Meister 1999. Unter dem Bauch von Mette kann man den Eisenbügel gut sehen. Foto: Melissen

Friese braucht viel zu viel Kraft, um eine Sjees zu ziehen. Darüber hinaus schneiden die schmalen eisernen Bänder tiefe Rillen sowohl auf Gras als auch auf der Bahn. Dann ist noch mehr Kraft erforderlich, um das Ganze in Bewegung zu halten. Es sollte deutlich sein, dass eine Friesen-Sjees nicht für ein junges Friesenpferd geeignet ist. Sie treiben Raubbau mit seinen Gelenken und Muskeln.

Dressurfahren

Das Schöne am Friesen ist seine Vielseitigkeit. Sie können nicht nur auf, sondern auch hinter ihm sitzen und mit einer Stute auch noch züchten. So haben Sie eigentlich drei Pferde zu einem Preis. Bei den meisten anderen Rassen und Typen wird in zwei Richtungen gezüchtet. Das Friesenpferd ist ein Allround-Talent, das sich für viele Disziplinen eignet. Nur zum Springen haben sie keine Veranlagung. Natürlich gibt es Friesen, die einen kleinen Springparcours bewältigen, Ausnahmen schaffen auch noch ein bisschen mehr, wie beispielsweise zu Hause die 1,30 Meter hohe Umzäunung, als ob es die leichteste Übung der Welt wäre.

Nach 1970 wurde, infolge des Viererzugfahrens in den Niederlanden, auch das Dressurfahren populär. Das Friesenpferd war bestens dafür geeignet. In Friesland gab der spätere Meisterfahrer Piet de Boer Fahrunterricht für die Dressur. In der landwirtschaftlichen Versuchsanstalt in Oenkerk, wo er die Fahrausbildung leitete, wollte man zu Unterrichtszwecken auch Pferde halten. Piet de Boer hatte in kürzester Zeit viele Schüler. Hinter einem Friesenschulpferd lehrte er sie das Fahren nach Achenbach. Er gab nicht nur in Oenkerk Unterricht, sondern später auch in allen Provinzen der Niederlande. Er wurde zum reisenden Promotor in Sachen Friesenpferd. Die Erfolge der Friesen-Viererzüge von Tjeerd Velstra und Leo Kraaijenbring taten ein Übriges. De Boer wurde mit seiner Lieblingsfriesenstute Jildou mehrfach friesischer Meister im Dressurfahren Klasse Z. In allen Teilen der Niederlande hatte er Erfolg mit seinen Fahrkünsten. Das brachte ihm nicht nur mehr Schüler, sondern brachte ihn auch auf die Idee, für die er später berühmt werden sollte, nämlich sehr viele Pferde einzuspannen. Der ehemalige Schüler Dirk Zwanenburg aus Joure wurde mit Rindert, seine Mutter Jelkje war schon Meisterin vor der Sjees, niederländischer Meister in der Klasse Z. Wil Fiedler-Gerritsen aus Amsterdam erreichte mit Feycko erst unter dem Sattel Z-Dressur und 1982 Z-Dressurfahren, das hatte vor ihnen noch keiner geschafft. Deckhengst Piter 312 im Besitz von Ed Constant aus Wijde Wormer wurde mit seinem Fahrer Nico Pronk 1996 niederländischer Vizemeister in der Klasse Z.

Pionier Leo Kraaijenbrink startet nun mit seinem Friesen-Viererzug von seinem neuen Gestüt in Hemrik zum Training. Foto: Melissen

Sehr viele Liebhaber auf allen Kontinenten spannen ihre Friesen ein- oder zweispännig vor den Wagen, gehen mit ihnen auf Turniere und freuen sich über Erfolge. Von vielen Zuschauern werden sie gefragt, was das denn für schöne schwarze Pferde sind, die sie vor ihre Kutsche gespannt haben. All diese Menschen erleben soviel Freude, wenn sie mit ihren angespannten Friesen abends oder am Wochenende eine vergnügliche Fahrt unternehmen. Ganz einfach zur Entspannung, zusammen mit ihren Friesen in die freie Natur. Es gibt nichts Schöneres.

Das Friesenpferd im Vielseitigkeitsfahren

Sie konnten bereits lesen, dass der Viererzug die Rettung für die Friesenpferderasse war. Tante Bets Korthagen-van Til aus Breukelen, 'the lady with the black horses', war 1969 die Erste. Tjeerd Velstra, in Friesland geboren, folgte ihr mit seinem Viererzug aus dem Pferdesportzentrum in Deurne. Desweiteren gingen Ton Maat, Georg Vroklage und Willem Bobbink mit vier pechschwarzen Friesen vor dem Wagen an den Start. In Friesland setzten sich Freiherr Cees van Eysinga von Huisterheide bei Langweer, Cees Faber, Tjalling de Jong und Hessel van der Leen 1974 zusammen, um auch einen eigenen Viererzug Friesen zusammenzustellen. Der Viererzug von Tante Bets war schließlich nach Ohio/USA verkauft und ihre rechte Hand Leo Kraaijenbrink hatte keine Pferde mehr. Faber und De Jong sorgten für Pferde, Van

Kraaijenbrink fährt bereits seit 1974 mit den Friesen. Hier sieht man ihn in Aktion auf den Weltreiterspielen 1994. Foto: Melissen

der Leen für das Finanzielle, Van Eysinga sorgte für einen Stallraum auf einem Bauernhof, für ein Fahrzeug und alles dazu Gehörige.

1974 wurde die neue Stiftung „De Oorsprong" gegründet. Ihr Ziel war es, einen Viererzug Friesen in der Vielseitigkeit herauszubringen. Die vier Herren bildeten den Vorstand, Leo Kraaijenbrink wurde Kutscher, Tochter Coralie van Eysinga war seine rechte Hand, Hufschmied Yme Nota - inzwischen leider verstorben - wurde Pate, wie später auch Reitze Faber und Sies Wietsma. Leo trainierte seinen Vierspänner in den Wäldern rund um das ehemalige Gestüt. Er fuhr zu Turnieren im In- und Ausland, der gesamte Vorstand und die Familie reisten mit.

Nur Leo blieb übrig

Der Viererzug Friesen konnte bei Wettkämpfen gute Resultate verbuchen. Bei den Europäischen Meisterschaften 1977 in Donau-Eschingen wurde Tjeerd Velstra mit seinen Friesen Vizemeister hinter dem namhaften Ungarn Gyorgy Bardos. Das war eine großartige Reklame für das Friesenpferd. Zwei Jahre später war es mit der Euphorie vorbei. In Haras du Pin fielen Velstra und seine Friesen der tropischen Hitze zum Opfer. Er gab den Marathon ein paar hundert Meter vor dem Ziel auf. Unmittelbar danach wurde über die Friesen der Bannfluch verhängt. Aufgrund der schwarzen Farbe könnten sie die Wärme nicht vertragen, sie hätten zu wenig Durchhaltevermögen und Kampfgeist für den Marathon, sie hätten zu wenig „Blut", um im Trab und Schnelltrab das Ziel zu erreichen, ihnen fehlte die Geschmeidigkeit und Kraft, um ein Hindernis im Galopp zu verlassen. Natürlich waren sie in der Dressur und der Geschicklichkeit wunderschön anzusehen, aber mehr auch nicht. Velstra wechselte zum niederländischen Warmblutpferd und auch die anderen Viererzugfahren spannten die Friesen aus. Es blieb nur Leo . Er blieb ihnen treu, seit mehr als zehn Jahre.

Kampf gegen das Vorurteil

Für das einzig übriggebliebene Friesen-Vierergespann mit Leo Kraaijenbrink auf dem Bock wurden Aktionen veranstaltet, Geld gesammelt und Sponsoren gesucht. Man konnte schließlich nicht akzeptieren,

Johan Verhoeven ist der zweite, der die Friesenpferde in schweren internationalen Viererzugprüfungen startet. Foto: Melissen

dass der Sport, der vor 25 Jahren das Friesenpferd vor dem Aussterben bewahrt hatte, nun als Argument dienen sollte, das Gegenteil zu bescheinigen.

Der Viererzug Friesen musste um seinen Platz kämpfen. Selbst mit hervorragenden Leistungen wurde man nicht automatisch Mitglied der Nationalmanschaft. So war es natürlich eine tiefe Befriedigung, als bei den Weltmeisterschaften 1984 in Szilvásvárad ausgerechnet das Friesengespann die niederländische Equipe mit einer Höllenfahrt vor dem Ausscheiden bewahrte. Velstra strandete in einem Hindernis, Weusthoff kippte auf einem Abhang um, die Friesen erreichten stolz das Ziel. Auch die tierärztliche Untersuchung am Ende konnte keine Überbelastung bei Anke, Pasja, Iris und Leon feststellen. Nur Leos Kappe hängt noch irgendwo auf den Hügeln des Bükkgebirges in einem ungarischen Baum.

Bei den Weltmeisterschaften 1988 in Apeldoorn saß Leo Kraaijenbrink wieder neben dem Team. Mit seinen Friesen zeigte er eine enorme Leistung, als er von 44 Teilnehmern den zwölften Platz belegte. Man hatte Respekt und Bewunderung für den Mann, der trotz allem mit seinen schwarzen Pferden, mit denen er zutiefst verbunden ist, weiter machte. Er wurde dritter Niederländer. Der Fahrer, der ins Team aufgenommen wurde, lag sechs Plätze hinter ihm. Nach Apeldoorn kam zum erstenmal ein Friesenfanclub mit Transparenten. Sie waren gekommen, um den Friesen-Viererzug anzufeuern.

Die Friesen sind überall die echten Publikumslieblinge. Das zeigte sich auch bei den Weltreiterspielen in Stockholm 1990. Im Olympiastadion wurde am letzten Tag die Geschicklichkeit ausgetragen. Um die Spannung zu erhöhen, starten die

Jacob Jan Kramer darf international mit seinen Friesenpferden im Zweiergespann antreten. Foto: Melissen

Auch junge Hengste müssen untereinander beweisen wer der Erste ist. Foto: Stuewer

Teilnehmer in umgekehrter Reihenfolge. Das Publikum hatte inzwischen mehr als zwanzig Vierspänner mit Braunen, Füchsen und Schimmeln gesehen. Das Interesse ebbte ab. Im Moment, als der Sprecher das Friesen-Vierergespann ankündigte, wurde jeder wach, saß aufrecht und schaute aufmerksam auf die vier Pechschwarzen mit wallenden Mähnen und Schweifen. Leo Kraaijenbrink kam fehlerlos durch die Kegel. Er genoss den stürmischen Applaus. Kurz danach wurden die ersten Friesen nach Schweden exportiert. Friso, ein ehemaliges Viererzugpferd, ging allen voraus. Den Friesen-Viererzug mit Leo Kraaijenbrink gibt es noch immer. Nachdem er auf dem Flevohof und im Friesenzentrum in Drachten seinen Stall hatte, bezog er im 1999 sein eigenes Gestüt in Hemrik/Friesland.

Verstärkung

Kraaijenbrink ist glücklicherweise nicht mehr allein. Während seiner Zeit auf dem Flevohof kam Johan Verhoeven aus Uden regelmäßig mit seinen fünf Friesen und dem Marathonwagen zu ihm. Leo Kraaijenbrink brachte ihm alle Feinheiten bei. Seit 1990 fährt Verhoeven seinen Viererzug auf internationalem Niveau. Der ehemalige Schweinehalter betreibt den Sport aus reinem Spaß an der Freude. Er genießt den Wettkampf mit seinen Kollegen im Marathonfahren und liebt seine Friesen voller Hingabe. Verhoeven wurde im Jahr 2000 in Zelhem bei den niederländischen Meisterschaften fünfter. Sein Lehrmeister belegte den siebten Platz.

Auch ein Zweispänner steht an der niederländischen Spitze. Jacob Jan Kramer, Viehhalter aus Vries in der Provinz Drenthe, startet seit 1997 bei den „großen Jungens". Wie Verhoeven ist auch Kramer ein Schüler von Leo Kraaijenbrink. Er wurde von ihm in Drachten im Friesenzentrum unterrichtet. Er fing ganz unten an und rückte 1997 zu den überregionalen Wettkämpfen auf. Mit vielen Erfolgen kam er 1998 unter die Top-ten. Jacob Jan Kramer gewann 1999 den DIO-Cup, den Pokal für das beste Zweiergespann der Saison. Wir werden in der Zukunft noch viel von diesem sehr fähigen Kutscher hören. Kraaijenbrink, Verhoeven und Kramer sind der Beweis, dass sich Friesenpferde im schweren Fahrsport sehr wohl durchsetzen können.

Die besondere Anspannung der Showgruppe Etscheid. Foto: Stuewer

Das Friesenpferd spezial

Ein einzelner Friese ist bereits schön, aber wenn zu besonderen Gelegenheiten viele Friesenpferde gleichzeitig zu sehen sind, dann bekommt sicher der eine oder andere eine Gänsehaut. Zwölf Deckhengste in der Quadrille, Steigbügel an Steigbügel nebeneinander, bilden einen beeindruckenden Block aus Macht und Kraft. Ein historisches Bild ist der Tanz der acht Sjeesen mit weißen Reifen von der Friesenquadrille, sechzehn Friesenpferde davor, Fahrer und Damen in Friesentracht. Sehr elegant sind die Damen von der Showgruppe Fleurop, die im Damensattel auf ihren Friesen reiten (siehe Seite 29). So gibt es in allen Ländern, in denen Friesenpferde heimisch geworden sind, Menschen, die miteinander in Kostümen, auf Kutschen und mit ihren Friesen zeigen, wieviel Spaß eine Jahrhunderte alte Pferderasse machen kann.

Mehrspänner

Meisterfahrer Piet de Boer nimmt da einen besonderen Platz ein. Er wurde nicht nur als Ausbilder und Fahrer bekannt, sondern vor allen Dingen durch das mehrspännige Fahren. Er durfte dazu die Friesenstuten der landwirtschaftlichen Versuchsanstalt in Oenkerk nehmen. De Boer begann 1978 mit einem Sechsspänner, es war der Anfang einer besonderen Leidenschaft. Drei Jahre später spannte er schon 13 Friesen vor eine Kutsche. Fotos seiner Vorführung wurden überall veröffentlicht. Er stellte 1989 in England einen Rekord auf, indem er 22 Friesen vor einer Postkutsche in Schritt, Trab und Galopp zeigte. Es war traurig, dass sein Führpferd Aty in England starb. Fünf Jahre später spannte er dann 25 Pferde auf dem Gelände von Oenkerk ein. Am 25. Juli 1996 wurden viele hundert Meter Leinen über die Rücken von nicht weniger als 40 Friesenpferden in die Hände von Piet de Boer gelegt, der oben auf dem Bock einer Postkutsche saß. Er fuhr in Schritt, Trab und Galopp den Vierzigspänner in Joure und wurde damit in das Guinness Buch der Rekorde eingetragen. Ein Farb-

Damals noch Prinzessin Beatrix, 1959 Ehrengast in der Goldenen Sjees neben Wietse Peenstra. Vor der Sjees läuft die berühmte Eabeltje Model und Preferent. Foto: Archiv FPS

foto war am nächsten Tag auf der ersten Seite der größten niederländischen Zeitung. Über diesen Mann, der sich so erfolgreich für das Friesenpferd eingesetzt hat, wurden mehrere Fernsehreportagen gezeigt. Mit seinen Friesen reiste er zu Vorführungen durch ganz Europa. Aber vielleicht war sein schönster Auftritt der am 2. September 1989 in Leeuwarden. Bei der Feier zum 110-jährigen Bestehen des Stammbuches, auch Königin Beatrix war gekommen, galoppierte Piet de Boer mit 12 Friesenstuten vor der Kutsche durch die Frieslandhalle. Das besondere Nicken der Königin wird er sicher nicht vergessen.

Harrods

Dieser zweite September 1989 war sicherlich ein ganz besonderer Tag. Das berühmte Warenhaus Harrods aus London war zu Besuch mit seinem Lieferfahrzeug, das von zwei Friesenhengsten gezogen wird. Damit werden auf Kundenwunsch in den Londoner Stadtteilen Mayfair, Knightsbridge und Belgravia die Einkäufe zugestellt. An dem Tag wurde aber auch bekannt, dass zur Parlamentseröffnung (Prinsjesdag) 1989 zum erstenmal Friesenpferde vor der goldenen Kutsche gehen werden. Es gibt sehr viele besondere Verwendungen für das Friesenpferd. Dazu gehören mit Sicherheit die Friesenquadrille und die Hengstquadrille.

Die Friesenquadrille

1960: Das Friesenpferd hatte ausgedient und verschwand. In Leeuwarden entstand ein neuer Hallenkomplex für den Viehmarkt. Die Eröffnung der Frieslandhalle wurde 1963 mit der Frisiana gefeiert. Organisator Jac. Kleiboer wollte etwas Besonderes. Der damalige FPS-Inspektor Hector Baerdt van Sminia hatte die Idee eines Kutschenreigens mit Friesen-Sjeesen schon eher geäußert. Im Phryso wurden 16 Sjeesen und Fahrer gesucht. Es meldeten sich acht, mit Pferd und Sjees vom Verein „Het Friese Tuigpaard“. Sie sollten die erste Quadrillen-Gruppe bilden: Romke Annema, Bertus Faber, Bertus Jellesma, Sybren Reitsma, der verstorbene Popke van der Meulen, Piet Wienia, Wietse Peenstra und Anne Brouwer. Der ehemalige Kavallerist Wiebe Spoelstra wurde Quadrillenkommandant. Gleich 1963 entschied man, dass die Sjezen weiße Räder haben sollten und dass neben dem Fahrer eine Dame in Friesentracht sitzen sollte.

Großer Erfolg

Kommandant und Fahrer übten viel, um zur Eröffnung der Frisiana ihren Tanz mit den Sjeesen auswendig fahren zu können. Bei der Friesenquadrille werden keine Stimmkomandos gegeben. Der Kommandant pfeift während des Fahrens und die Fahrer wissen genau, welche Figur an der Reihe ist. Der erste Auftritt, einspännig vor den Sjeesen mit den weißen Rädern gefahren, war ein Erfolg. An vier Tagen standen bei jeder Aufführung die Zuschauer dichtgedrängt in vielen Reihen hintereinander. Am zweiten Tag kam Königin Juliana. Es folgten viele Einladungen für weitere Auftritte. 1967 wurde beschlossen, die Sjeesen zweispännig zu fahren. Der Gesamteindruck wurde dadurch noch schöner.

Auch die Quadrille wurde vom Untergang der Friesenrasse nicht verschont. Das Interesse flaute ab, die Fahrer hörten auf, kurz und gut die Quadrille schlief ein und geriet in Vergessenheit. 1977 erinnerte man sich ihrer wieder. Unter Mithilfe von Bertus Faber, ein Fahrer der ersten Stunde, erwachte die Friesenquadrille wieder aus ihrem Dornröschenschlaf. Man konnte neue Fahrer gewinnen, eine neue Choreografie wurde entworfen und man übte wieder

Der erste Auftritt der Friesenquadrille 1963. Foto: Archiv FSP

gemeinsam. Zum großen Hallenturnier „Indoor Friesland“ 1978 sollten sie wieder auftreten. Die Friesenquadrille war wiedergeboren und konnte in der neuen Zusammenstellung viele Erfolge feiern. 1981 reisten alle zur Westfalenhalle nach Dortmund. Die deutschen Zuschauer machten ihre erste Bekanntschaft mit einem Märchen aus schwarzen Pferden, weißen Rädern und goldenen Kappen.

Auftritt vor der Queen

1984 erhielt die Friesenquadrille die ehrenvolle Einladung, bei der Royal Windsor Horse Show auf Windsor Castle mitzuwirken. Nach der Nordseeüberquerung wurden die Friesenpferde in den wahrlich königlichen Stallungen des Schlosses untergebracht. Jeden Tag mussten die acht Sjeesen, Fahrer und ihre Damen in Friesentracht über den bekannten Long Walk zum Smiths Lawn. Viele englische Zuschauer säumten ihren Weg. Der Höhepunkt ihres Aufenthaltes war der Samstag Abend. Prächtig ausgeleuchtet, zeichneten Pferde und Sjeesen ihre eindrucksvollen Figuren auf den englischen Rasen. Bertus Faber überreichte Königin Elizabeth anschließend eine extra angefertigte silberne Miniatur-Sjees mit zwei eingespannten Friesenpferden. Nun werden Sie vielleicht denken, dass Ihre Majestät das Geschenk aus den Niederlanden freundlich entgegennahm und zur Tagesordnung überging. Nein, der Fürstin hatte die Aufführung so gut gefallen, dass sie Faber bat, die Quadrille am folgenden Mittag in ihrem privaten Garten von Windsor Castle für sie und ihre Mutter zu wiederholen. So geschah es dann auch. Bei strahlendem Sonnenschein gab die Friesenquadrille eine besondere Privatvorstellung. Danach hat man sich noch lange und angeregt mit der Königin und ihrer Mutter unterhalten.

Ehrung

Die Friesenquadrille hatte ganz Europa bereist. Sie war in Hamburg, Antwerpen, Windsor, zu Hause in Leeuwarden auf „Indoor Friesland“, eine Woche in Dänemark und in den Niederlanden auf allen großen Turnieren. Sie fuhren 1993 auch zum Europäischen Friesenfestival in die Lüneburger Heide. Im Oktober 1993 wurde während „Indoor Friesland“ ihr dreißigjähriges Bestehen mit einer Ehrung auf dem Platz gefeiert. Die Quadrille stand in der Mitte aufgestellt, als unerwartet Piet de Boer sechsspännig vor einer Sjees einfuhr, ihm folgte der Viererzug Friesen, vier

Die Friesenquadrille während der Weltreiterspiele in Den Haag 1994. Foto: Melissen

Ein Hengst macht sich häufig extra imposant. Foto: Stuewer

Deckhengste unter dem Sattel, die Mitglieder des „Fries Paardenballet" zu Pferd auf ihren orangenfarbenen Satteldecken sitzend und zuletzt kamen noch zwei Deckhengste vor der Sjees.

Im 21. Jahrhundert

Die Friesenquadrille entwickelt sich weiter. Vor einem Auftritt trainieren die Fahrer intensiv in Drachten. Leo Kraaijenbrink gibt ihnen regelmäßig Unterricht und die Fortschritte können sich sehen lassen. Ältere Fahrer übergeben an Jüngere, die dann alle schwierigen Figuren wie das Kleeblatt, die Linie und die Mühle lernen müssen. Wenn Sie die Quadrille sehen, erscheint alles sehr einfach, wie acht Gespanne vor der Sjees auf Musik ihre Figuren fahren. Lassen Sie sich nicht täuschen. Das Training ist sehr schwierig, geschieht mit Trainingswagen und nicht mit den kostbaren Sjeesen. Neue Element werden zu Fuß eingeübt, bis man sie im Schlaf kennt. Dann erst kommen die Pferde dazu. Jedem stockte wohl schon mal der Atem, wenn die acht Sjeesen mit sechzehn Pferden die Linie fuhren, nicht wahr? Das Gespann innen geht im Schritt eine kleine Volte, das Gespann ganz außen muss traben, weil alle 16 weißen Sjeesräder in einer geraden Linie zusammen vorwärts gehen. Bertus Faber hat die Leitung seiner Tochter Maeike und Reitze Faber übergeben.

Die Hengstquadrille

Der Traum

Irgendwann im Sommer 1986 klingelte das Telefon. Pier Breimer von „Indoor Friesland" fragte mich, ob ich noch etwas für die Zwanzigjahrfeier im Oktober wüsste.

Das Vorbild von Alex van Silfhout hatte Nachahmer gefunden. Immer mehr Deckhengste in Friesland starteten in der Dressur. Ich träumte schon eine Weile von zwölf Deckhengsten in einer Quadrille. Ich bekam die Zustimmung und sollte versuchen, alles bis zum Jubiläum im Oktober zu regeln. Frits de Jong rief ich als ersten an. Frits hatte nicht nur Reitse 272, sondern war auch im Vorstand und Ausbilder im Verein „De Oorsprong". In seinen jungen Jahren ritt er in einer Quadrille mit acht Pferden. Er war sehr vertraut mit Quadrillen und ich dachte, er sollte Kommandant werden. Seine Reaktion kam sofort. „Hervorragend. Wie kommst du darauf. Machen wir. Trag Reitse mal ein". Ich hatte eine Liste der Hengste, die in der Dressur vorgestellt wurden. Aber wir brauchten noch ein paar, um die zwölf voll zu machen. Es war fraglich, ob die Besitzer ihre wertvollen Deckhengste und auch Reiter der Quadrille zur Verfügung stellen würden.

Auch Ygram wurde gebraucht

Die Besitzer wurden gefragt. Die Reaktionen fielen sehr unterschiedlich aus, von einem begeisterten Ja über Zögern bis hin zur Zurückhaltung. „Das ist ein riskantes Vorhaben, kann so etwas überhaupt gutgehen, bei zwölf Hengsten sind Unglücke doch vorprogrammiert". 1986 gab es in den Niederlanden genau 23 Friesendeckhengste. Mehr als die Hälfte wurde gebraucht.

Doch niemand sagte nein. Es wurde ein erster Trainingsabend vereinbart. Hengste, Reiter und Besitzer kamen zur Probe nach Nes. Wenn es klappte, würden wir weiter machen, wenn nicht, würde die ganze Chose abgeblasen. Am 3. September 1986 näherten sich abends einige LKWs und Autos mit Pferdeanhängern der Reithalle. Die Klappen gingen runter, lachende Reiter und verdrießlich drein schauende Besitzer luden ihre Hengste ab. Es wurde gesattelt und aufgetrenst. Man hörte Gewieher, hier und da ein echter Hengstschrei und manchmal schrie ein Besitzer noch lauter. Die Reiter stiegen auf und gingen in die Halle. Dort erwartete Frits de Jong sie bereits. Die Hengsthalter und Besitzer standen an der Bande, bereit, jederzeit einzugreifen. De Jong war die Ruhe selbst. Er hatte bereits eine Einteilung vorbereitet und rief die Hengste nach einander auf.

Routinier Jolanda Schreuder mit Tamme nahm die Tete ein, dahinter kam die ebenso erfahrene Angelique Dijkstra mit Tjimme. Boukje Feenstra folgte auf Doeke, dann Oege mit Magriet Schoonderbeek, die in der Quadrille ihren späteren Mann Obbe van der Weide kennenlernte. Teake kam, geritten durch die so jung verstorbene Sigrid Bouma, dann der gerade gekörte Frâns mit Emmy Gortemaker auf seinem Rücken. Sein Zeitgenosse Foppe mit Chita Bos und Falke mit Zwaantje van Dijk folg-

Einzug der Gladiatoren. Die zwölf Deckhengste der Hengstquadrille betreten die Arena der Frieslandhalle. Foto: Melissen

ten. Dann kam das älteste Paar, Ygram mit Otte de Vries. Obwohl Symen Smink seine Zweifel hatte, wurde Ygram (17) gebraucht, da Reitse aufgrund einer Verletzung ausfiel. Hinter Ygram lief Diedert mit Arend Kuperus. Die letzten zwei waren Jochem mit Vronie van Asma-van der Tol, nun nicht in der Sjees, sondern auf dem Rücken von Jochem, und Oepke, der die blonde Jelly Veltman trug.

Die Herren schnaubten einander an, aber es passierte überhaupt nichts. Es waren keine Hinterbeine in der Luft, es wurde nicht gebissen und man konnte kein wildes Gemetzel sehen. Frits war zufrieden. Zuhause hatte er die Quadrille bereits in Rohform zu Papier gebracht. Nun konnte die Arbeit beginnen. Eine halbe Stunde später hinterließen sie schon den Eindruck, als ob sie nie etwas anderes gemacht hätten. Und die Besitzer? Sie hingen entspannt über der Bande, schauten den Hengsten zu und tauschten die letzten Neuigkeiten aus.

Das erste Mal

Im Vorraum waren eigentlich nur die zwölf von Kopf bis Huf geputzten Hengste entspannt. Überall lief man nervös hin und her. Der Uhrzeiger rückte auf 20:45. Frits de Jong gab das Zeichen zum Aufsteigen und Schritt gehen. Das nächste Zeichen kam von der Regie. Die Halle war frei und sie konnten hinein. Eine ausverkaufte Frieslandhalle schaute sich die Augen aus dem Kopf. Das hatte man noch nicht gesehen. Da kamen der Reihe nach Tamme (7), Tjimme (7), Doeke (4), Oege (9), Teake (7), Frâns (3), Foppe (3), Falke (3), Ygram (17), Diedert (4), Jochem (12) und Oepke (9) in die Bahn. Alle Reiter in gleichen Jacken und auch die Hengste gleich gezäumt. Zum erstenmal in der Geschichte des

Zwölf Hengste nebeneinander. Ein beeindruckender Block aus Kraft und Geschmeidigkeit. Foto: Melissen

Vier von den zwölf aus der Quadrille. Foto: Melissen

niederländischen Pferdesportes waren da zwölf Deckhengste, darunter der jüngste Jahrgang von 1986, in einer Quadrille vereint. Zwölf Majestäten, angefangen bei dem alten Ygram, der gebraucht wurde und sein Bestes gab, bis zu Foppe, dem Jüngsten. Da trabte mein wirklich gewordener Traum. Es war doch möglich, zwölf Deckhengste unter dem Sattel, Macht, Kraft, Adel, Geschichte, das Heute und die Zukunft einer Jahrhunderte alten Rasse. Ich möchte die These wagen, dass der Durchbruch des Friesenpferdes in der Dressur mit in dem Erfolg vom 16. Oktober 1986 begründet liegt. Denn danach wurde es vollkommen normal, dass ein junger Hengst nach der Körung in der Dressur vorgestellt wurde. Seit 1986 sind wir daran gewöhnt, dass bei vielen Friesen-Deckhengsten hinter ihrem Namen „Z-Dressur“ steht.

Auf Reisen

Im Jahr 1987 sollten die zwölf sowie noch neun weitere Deckhengste zu einem Auftritt in der Horse of the Year-Show nach England. Dem FPS blieb das Herz fast stehen. Fast das gesamte Vatermaterial der Rasse sollte, aus Sicherheitsgründen auf zwei Fähren, über die Nordsee gehen. Die Reise wurde letztendlich nicht gemacht. Die Versicherungsprämie war dermaßen hoch, dass das British Horse Board wehmütig Abstand nahm. Die Hengstquadrille trat in neuer Formation am 2. September 1989 vor Königin Beatrix anlässlich der 110-Jahrfeier vom FPS auf. Die Gruppe bestand nun aus Gaye, Tamme, Doeke, Jildert, Jakob, Lute, Reitse, Diedert, Tjimme, Oege, Marko und Falke. So gehört es sich auch. Ältere Hengste geben den Platz frei für die jüngere Generation. Auf diese Weise hat man immer eine Gruppe mit optimaler Leistung. Seit 1986 ist die Hengstquadrille praktisch überall gewesen. Von Jumping Amsterdam bis zum Hallenturnier in Brabant oder Friesland, beim CHIO in Rotterdam und ein ganz besonderer Abendauftritt bei den Weltreiterspielen in Den Haag 1994.

Freiheitsdressur, Zirkus und Musicals

Am Samstag, dem 2. September 1989, schrieben Martina de Jong mit Arent, Corina Mohr mit Chris, Suzanne Rappenecker mit Tiemen und Sabine Schuth mit Wildrik in Leeuwarden Geschichte. Die vier Frauen mit ihren vier Friesenhengsten vom Gestüt Federath verzückten das Publikum erst mit versammeltem Galopp und Passagemomenten, zwischendurch eine Piaffe. Dann wurde es still. Die Hengste gingen auf die Knie, legten sich hin, kamen wieder hoch und blieben sitzen. Eine Woge der Begeisterung ging durch die Zuschauermenge und sie klatschten sich die Hände kaputt, woraufhin die vier Friesen in einer fließenden Bewegung hochstiegen. Es wurde noch viele Jahre darüber gesprochen. Cor de Jong zeigte mit Arent an langen Zügeln den spanischen Schritt und Sprünge über der Erde. Sie wiederholten ihre Show 1992 bei CHIO in Rotterdam. Ein Jahr später kamen sie auch zum Friesenfestival nach Luhmühlen. Martina de Jong ritt den Deckhengst Gerlof in einer ganz fantastischen Art und Weise. Ihr Können ist groß.

Sie hatte viel von einem Landsmann gelernt, der bereits vom Friesen-„Virus“ befallen war. Und zwar Günther Fröhlich, dem Mitbegründer der deutschen Zuchtvereinigung, er ist durch und durch ein Pferdemann. Als ihn noch wenige in den Niederlanden kannten, traf ich ihn in Marssum. Er arbeitete gerade mit dem Deckhengst Douwe 249. Douwe spazierte in langen Leinen und lernte gerade spielerisch den spanischen Schritt. Günther Fröhlich ist auch der Mann, der hinter erfolgreichen Shows mit Friesenpferden und Barockrassen wie Lippizanern und Lusitanos steht. Er und seine Mitstreiter haben mit dem Musical „Goa“ durch das geschickte Kombinieren von Friesen zusammen mit anderen Pferden, Musik, Kleidung und perfekter Beleuchtung in Europa viel Bewunderung ernten können. Das gilt auch für das französische Reisetheater Zingaro. Der

Martina de Jong und ihre Gruppe aus Deutschland zeigten ganz Friesland im September 1989 eine atemberaubende Freiheitsdressur. Foto: Melissen

Das Barockreiten, in Deutschland enorm populär. Hier der spanische Schritt. Foto: Stuewer

Mehr als ein Meter über dem Boden, die Kapriole. Foto: Stuewer

Meisterdresseur Bartabas hat zur Musik von Strawinsky ein Spektakel mit Reitern, Fechtern, Pferden und Fußvolk inszeniert. Er selbst spielt nicht mit. Er kann leider nicht, denn sein Friesenhengst, sein langjähriger Gefährte, starb nach einem Auftritt in New York.

Zirkus

Hans Strassburger kaufte 1936 einen dreijährigen Friesenhengst und nannte ihn Othello. Nico, Jupiter und Arlon folgten ihm. 1939 kam der Zirkus Strassburger mit den vier Friesenhengsten nach Leeuwarden. Es war ein echtes Erlebnis, vor allem als einer der vier jegliche Bewegung verweigerte und erst bei Ansicht der Friesenflagge weitermachte. Die große Zuschauermenge stimmte für Strassburger die Friesenhymne an. Zu den vieren gesellten sich zwei weitere, Zirkus sowie Hengste tourten dann sehr erfolgreich durch Europa. John Ringling North wollte die Friesen für seinen eigenen Zirkus und bot viel Geld. Sein Angebot wurde abgelehnt. Der Krieg verteilte das lebendige Inventar von Strassburger in alle Himmelsrichtungen, den Hengst Othello fand man später in einem Stall an der IJzer in Belgien wieder. Sie kauften noch sieben Friesenhengste dazu. Erst Karel, später seine Frau Elly feierte große Erfolge mit den zwölf Schwarzen. Auch andere Zirkusunternehmen wie Althoff, Krone, Belli und in England Smart und Mills kauften Friesenhengste. Etwas Besonderes war immer der Schweizer Zirkus Knie. Freddy Knie senior wurde mit seinen Hengsten zur Legende. Auch in unserer Zeit sind in der blühenden Zirkuswelt viele Friesenhengste am Werk. Valeska Wilke, Zirkus Roncalli und Herman Renz arbeiten mit Friesen. Und es gibt noch Manuela Beelo. Mit einem anderen Othello wurde sie 1982 Weltmeister bei den Zirkusartisten. Dieser Othello eroberte ein Jahr später dann auch mit Rutger Hauer im Film „Tag des Falken“ das amerikanische Publikum.

Die Königlichen Stallungen in Den Haag

Am ‚Hoge Wal‘ in Den Haag trillert eine Pfeife. Ein Polizist auf dem Motorrad hält den Verkehr an, Hufgetrappel ertönt auf den Plastersteinen, ein Wiehern hallt zurück. Zwei Reiter mit roten Jacken gehen auf Friesenpferden unter dem Torbogen mit den zwei Türmchen durch. Hinter ihnen folgt eine Gala-Berline bespannt mit zwei Friesen. Ein neu benannter Botschafter wird mit Friesenpferden zum Palast „Noordeinde“ gefahren, um dort der Königin sein Beglaubigungsschreiben zu überreichen. Für die Einwohner von Den Haag ist dies ein vertrauter Anblick. Seit der Amtseinsetzung von Königin Beatrix 1980 wird viel mit den Pferden aus den königlichen Stallungen gearbeitet. König Willem III hat 1878 den Bau des Stallkomplexes in Auftrag gegeben. Er grenzt an den Park von Palast „Nordeinde“, den Arbeitspalast von Königin Beatrix. Am ‚Hoge Wal‘ stehen die Pferde, Galakutschen und die goldene Kutsche. Stallmeister Oberstleutnant G.E. Wassenaar verwaltet mit seinem Personal das ganze „Reiseunternehmen“ der königlichen Familie.

Zwölf Friesen stehen in den königlichen Stallungen. Im Friesenflügel hängt stolz die Flagge mit den Wasserlilien. Stallmeister, Kutscher und Pfleger kommen zu allen großen Zuchtschauen. Als Königin Beatrix 1981 die Schirmherrschaft übernahm, schlug der damalige Vorsitzende des Stammbuches Freiherr C. van Eysinga ihr vor, neben den KWPN-Warmblütern auch Friesenpferde in die Königlichen Stallungen aufzunehmen. Ihre Majestät stimmte zu.

Zwei Königliche Friesen, die Führpferde vor der Goldenen Kutsche. Foto: Melissen

Königliche Friesen

Am 15. Oktober 1981 wurden der Königin in der Frieslandhalle offiziell Lieuwe und Jefe, die ersten Friesenwallache für die Königlichen Stallungen angeboten. Die Bemerkung, die Wiebe Spoelstra als Sprecher entglitt, bleibt unvergessen. Als die Königin nämlich in der Bahn neben ihren Wallachen stand, meinte Spoelstra, dass der schöne Kopf Ihrer Majestät so prächtig zu den Friesenpferden passte. Erst als Ihre Majestät lachte, trauten sich die 5000 Zuschauern mit einzustimmen. Lieuwe und Jefe waren bereits im Sommer nach Den Haag umgezogen und hatten zur Parlamentseröffnung (Prinsjesdag) 1981 ihr Debüt vor einer Kutsche. Ein Jahr später war die Zahl der Königlichen Friesen ansehnlich gestiegen. Bei der Weltmeisterschaft der Vierspänner 1982 am Palast ‚Het Loo' in Apeldoorn steuerte Kronprinz Willem-Alexander seinen Friesen-Zweispänner mit Jorrit und Otto tadellos in einer prächtigen Show, veranstaltet von den Königlichen Stallungen. Seine Tante Prinzessin Margriet saß in der Creme Calêche mit sechs Friesen á la Daumont davor. Die Haager Friesen sind häufig zu Besuch in Apeldoorn, denn Prinzessin Margriet ist eine sehr erfahrene Kutschenfahrerin.

Parlamentseröffnung, September 1989. Zum ersten Mal in der Geschichte wurde die Goldene Kutsche mit Königin Beatrix, Prins Claus und dem Prinzen von Oranje von acht Friesenpferden gezogen. Foto: Melissen

Detaille der Scheuklappen, Galazaumzeug mit Reichswappen und Königskrone. Foto: Melissen

Vor der Goldenen Kutsche

Wenn man sich anfangs in den Königlichen Stallungen an die Friesen erst mal gewöhnen musste, so mit all dem Behang, heute, nach zwanzig Jahren, sind sie nicht mehr wegzudenken. Die Auswahl ist streng. Neben einem unkomplizierten Charakter und dem Mut, vor nichts und niemandem Angst zu haben, müssen sie vor allem einen guten Schritt haben. Eine Widerristhöhe von 1,65 Metern wird durch die Abmessungen und die Bockhöhe der Kutschen vorgegeben.

Die Friesen werden in der eigenen Halle gearbeitet. Erst wenn sie mit allem durch und durch vertraut sind, gehen sie im Gespann vor einem Übungswagen in den dichten Haager Verkehr hinein. Vor der Parlamentseröffnung erfolgt noch ein besonderes Training am Strand von Scheveningen mit Musik, Feuerwerk und anderem Lärm. Bis 1989 wurde die goldene Kutsche von KWPN-Pferden gezogen. Vor der Gala-Glas-Berline von Prinzessin Margriet lief bis dahin ein Vierergespann Friesen. Zum ersten Mal in der Geschichte wurde 1989 die Goldene Kutsche mit acht Friesenpferden bespannt. Stolz, würdig und gelassen brachten die acht ihre Königin, Prinz Claus und den Prinzen von Oranje vom Palast „Noordeinde“ zum Rittersaal, wo die Thronrede verlesen wurde. Dies ist jedes Jahr die offizielle Parlamentseröffung nach der Sommerpause. Selbst der damalige Stallmeister Oberstleutnant H. van den Hout ließ 1989 seinen vertrauten Schimmel im Stall und begleitete den Zug auf einem Friesen. Für den Kutscher der Friesenabteilung Bernard Looye war es eine spannende Erfahrung, zum ersten Mal mit seinen „Jungens" diese Fahrt zu machen.

Und ich war auch stolz. Rechts im Gespann vor der Goldenen Kutsche lief Adger (V.: Lammert 260), mein erstes Zuchtprodukt, der achtjährige Sohn von Xerxina Model. Als Zweijähriger wurde er vom Kutschenmajor der königlichen Stallungen angekauft, dort eingefahren, trainiert, jedes Jahr war er im Viererzug vor der Gala-Glas-Berline und nun vor der goldenen Kutsche. Adger war, so erzählte mir Bernard Looye, der erste Hengst in mehr als fünfzig Jahren in den königlichen Stallungen. Er ist es lange geblieben, bis er der Reitpferdestute der Königin Avancen machte. Und wenig später war der „Hengst" - ab. Die Pferde in den königlichen Stallungen werden nicht nach Achenbach gefahren. Prinz Hendrik von Mecklenburg-Schwerin, Ehemann von Königin Wilhelmina und großer Pferdeliebhaber, führte nach seiner Hochzeit das Mecklenburger System ein, das er gewöhnt war. Es wird noch immer angewandt.

Selbst der damalige Stallmeister Oberstleutnant H. van den Hout ließ 1989 seinen vertrauten Schimmel im Stall und begleitete den Zug auf einem Friesen der Königin. Foto: Melissen

Kostbare Kutschen

Der königliche Stallbereich am ‚Hoge Wal' in Den Haag ist ein umfangreicher Komplex. Neben den Flügeln für die Friesen, die KWPN-Pferde und die Reitpferde der königlichen Familie, der Reithalle, den Garagen, dem Konditrainer, den Geschirrkammern - hier benötigt ein Mann ein ganzes Jahr, um alles zu putzen - gibt es das Kutschengebäude, in dem zahllose kostbare Kutschen stehen.

Neben der Creme Calêsche, der blauen Calêsche, Gala-Berline und Coupés und der vor einigen Jahren neu gebauten Leichenkutsche stehen zwei besondere Kutschen.

Prunkstück ist die Goldene Kutsche, die 1889 von Amsterdamer Bürgern Königin Wilhelmina geschenkt wurde. Die Kutsche wurde entworfen und gebaut von der Fahrzeugschmiede der Gebrüder Spyker. Das ganze Material kam aus dem ehemaligen Königreich. Das Teakholz aus Java, Elfenbein aus Sumatra, aber auch Flachs aus Zeeland und Leder aus Brabant. Amsterdamer Frauen und Waisenkinder stickten mit Millionen winziger Stiche die seidene Gobelin-Innenausstattung. Die Bezeichnung goldene Kutsche deutet schon auf die reiche Blattgoldverzierung der 1700 Kilogramm schweren Kutsche hin.

Aufgrund ihrer Schlichtheit ist die Gläserne Kutsche wohl noch schöner. Sie wurde 1826 bei Simons in Brüssel mit allen Kennzeichen des Empirestils gebaut. Der dunkelblau lackierte Aufbau mit dem Reichswappen und seinen sieben Glasscheiben ruht auf einem cremefarbenen Gestell. Die gläserne Kutsche wird heute nur zu Hochzeiten von Kindern des Staatsoberhauptes benutzt. Das Brautpaar fährt in der Goldenen Kutsche, beide Elternteile folgen in der gläsernen Kutsche.

Zöpfe

Königin Beatrix ist ihren Friesen sehr zugetan. Ihr besonderer Status zeigt sich schon dadurch, dass nur die Friesenpferde in den königlichen Stallungen ihren eigenen friesischen Vornamen behalten. Die KWPN-Pferde erhalten beim Einzug in Den Haag einen neuen Namen. Im Stall hängt der dichte Haarschopf der zwölf königlichen Friesen nicht vor ihren Augen, sondern eingeflochten auf dem Nasenbein. Warum? Weil die Königin ihren Friesen gerne in die Augen schauen möchte. Und so gibt es noch viele weitere schöne Geschichten. So wie das eine Foto von Königin Beatrix am Strand von Wassenaar. Sie sitzt auf dem pechschwarzen Sipke. Das Foto hing beim Vorgänger des heutigen Stallmeister in seiner Arbeitsstube. Ich durfte nur einen Blick darauf werfen, es aber nicht verwenden. Ich dachte damals an den Umschlag des Jubiläumsbuches 1990. Das wurden dann zwei andere, aber ebenso königliche Friesen.

Foto: Melissen

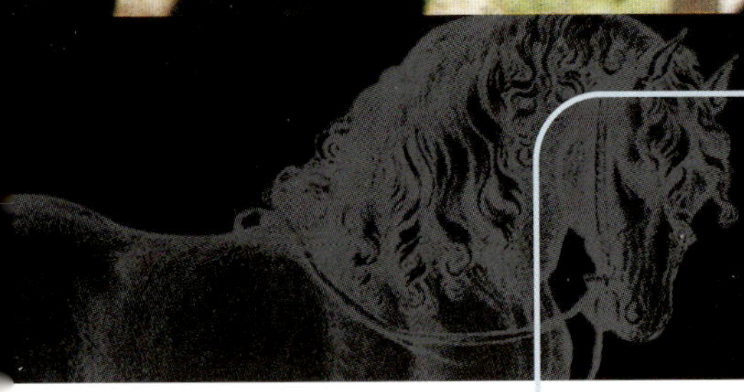

Fütterung und Haltung

Der dritte Teil dieses Buches behandelt die Fütterung und die Haltung Ihres Friesen. Wenn Sie darüber nachdenken, sich so einen schönen Schwarzen anzuschaffen, sollten Sie das Folgende bedenken. Haben Sie Platz, Zeit und auch das Geld, um einen Friesen zu halten, zu füttern und zu versorgen? Der Kauf ist eine Handlung, Halten und Versorgen bedeutet wesentlich mehr.

Was ist wichtig für den Anfang?

Überlegen Sie sich genau, was Sie wollen. Möchten Sie reiten oder fahren, im Sport oder in der Freizeit, möchten Sie ein Fohlen züchten, oder möchten Sie ein schönes schwarzes Haustier, das viel darf und wenig muss? Legen Sie dann fest, ob Sie ein Fohlen, einen Jährling oder Zweijährigen oder einen dreijährigen Friesen oder einen älteren wünschen. Werden Sie Mitglied vom FPS oder einem anderen nationalen Verband. Sie werden außerhalb der Niederlande Mitglied des FPS-Stammbuches, sobald Sie sich bei der in Ihrem Land offiziell anerkannten Tochtervereinigung anmelden.

In Ruhe suchen

Sie müssen wissen, was Sie wollen. Nehmen Sie sich einen Sommer Zeit, um zu schauen, ob Ihre Vorliebe die richtige ist. Ändern Sie wenn nötig Ihre Meinung, das ist nicht schlimm.

Gehen Sie zu Körungen und Zuchtschauen, kaufen Sie einen Katalog und schauen Sie nach, was Ihnen gefällt. Machen Sie sich Notizen, fragen Sie die Jury. Sie sind immer bereit, Ihre Fragen zu beantworten. Beschäftigen Sie sich eingehender mit der Rasse und schauen Sie nicht nur auf Äußerlichkeiten. Sie kaufen nicht nur einen Friesen, Sie kaufen auch ein Stück Geschichte. Besuchen Sie die Hengstkörung in Leeuwarden im Januar, dann sehen Sie die Deckhengste. Gehen Sie im Oktober zur zentralen Stutenkörung nach Leeuwarden. Dorthin kommen alle Stuten, die auf Zuchtschauen eine erste Prämie erhalten haben. Sie können damit Ihre vielleicht noch oberflächlichen Kenntnisse der Rasse vertiefen

Bedenken Sie, wenn Sie einen Hengst, einen Wallach oder eine Stute für den Sport oder die Freizeit haben möchten, dass diese Pferde ebensogut eine Stammbuchmutter aus einer alten Stutenfamilie haben können. Sie dürfen nicht vergessen, dass so eine Stammbuchstute alle Eigenschaften der

Treffen Sie in Ruhe Ihre Wahl. Soll es ein Fohlen .... Foto: Stuewer

... oder ein etwas älterer Friese sein? Foto: Stuewer

Familie mit sich trägt und an ihre Kinder weitergibt. Erfahrene Züchter sagen häufig: „Lieber eine gute Stammbuchstute aus einer alten durchgezüchteten Familie als eine Sterstute, wo wenig davor ist". Bleiben Sie nüchtern, lassen Sie sich nichts aufschwatzen.

Hausaufgaben

Dann kommt die Suche. Es ist eher unwahrscheinlich, dass Sie innerhalb einer Woche Ihren großen oder kleinen Traumfriesen im Stall haben. Wenn Sie auf einer Zuchtschau Ihren Wunschfriesen gesehen haben, machen Sie dann erst Ihre Hausaufgaben. Sie finden in dem Buch von Geurts alle Stuten in alphabetischer Reihenfolge, die bis einschließlich 1996 ins Stammbuch aufgenommen wurden.

Da die Mutter im Zuchtschau-Katalog steht, können Sie die Familie des Friesen, der Ihnen gefällt, schnell finden. Lesen Sie, aus welcher Familie Ihr Friese kommt, dann die Berichte und Geschichten, die zu den Stämmen geschrieben wurden. Sprechen Sie dann den Besitzer an.

Wird das Tier zum Kauf angeboten, nehmen Sie jemanden mit Pferdeverstand mit. Bedenken Sie bei Fohlen, dass sie immer lieb und süß sind, auch die, die nicht korrekt sind. Eine fachkundige Begleitung wird Sie darauf hinweisen. Setzen Sie sich ein Kauflimit und halten Sie daran fest, aber lassen Sie kein gutes Pferd oder Fohlen wegen eines geringen Mehrpreises laufen.

Achtung

Wenn Sie an Ort und Stelle sind, bitte achten Sie auf Folgendes. Ist der Friese gepflegt, können Sie dicht an ihn heran, sehen Sie Stalluntugenden, steht er gerade auf schönen, trockenen Beinen, sind seine Hufe gepflegt und nicht bröckelig, hat er für sein Alter ein vernünftiges Maß, ist er halfterführig?

Schauen Sie gut, ob Schritt und Trab regelmäßig sind. Ist der Friese unregelmä-

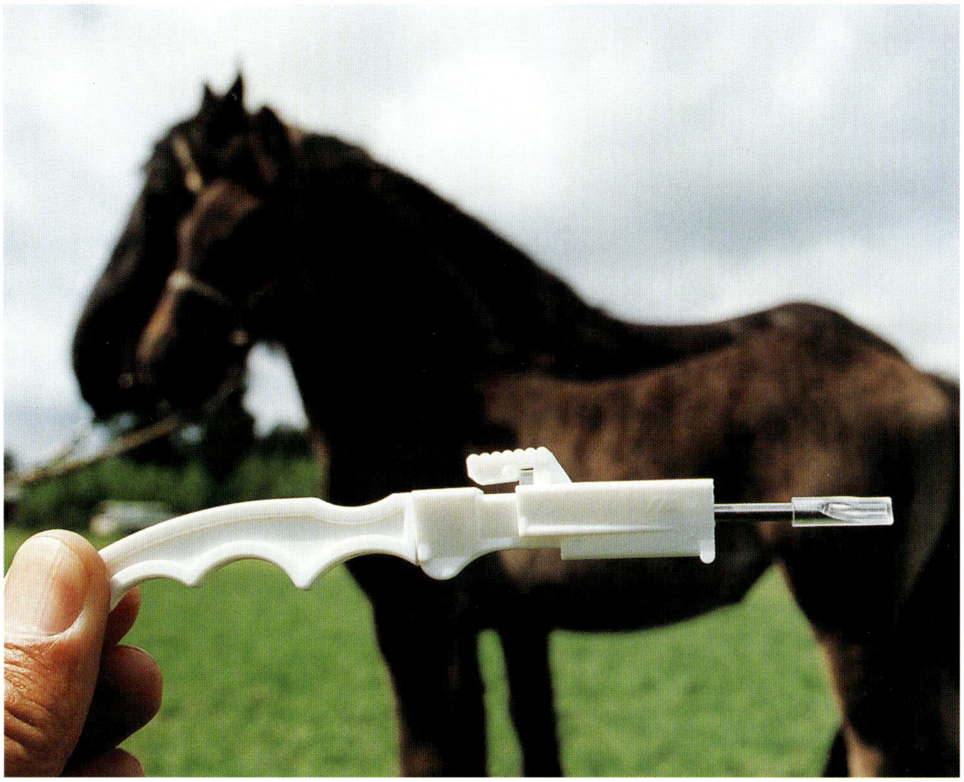

Alle Friesenfohlen auf der ganzen Welt erhalten vom FPS einen Chip zur Identifikation. Foto: Melissen

ßig oder lahm und wird dies gleich abgetan als eine leichte Steifheit durch das Stehen im Stall, dann verabschieden Sie sich. Schließlich ist es Ihr Geld.

Lassen Sie alles, was älter als ein Fohlen ist, untersuchen. Sie bezahlen zwar, aber die Kosten für eine Ankaufsuntersuchung, ob mit oder ohne Röntgenfotos, sind immer geringer als ein Misskauf mit all dem Elend, das folgt. Verweigert ein Besitzer eine Ankaufsuntersuchung, weil er sie als unnötig erachtet und Sie den Friesen mal so nehmen sollen, verzichten Sie lieber auf den Kauf. Ein renommierter Züchter oder Besitzer wird dem gerne zustimmen. Kontrollieren Sie das Stammbuchpapier. Friesenpferde, die vor Juni 1996 geboren wurden, haben eine Zungentätowierung erhalten, diese steht auf dem Papier. Kontrollieren Sie das. Danach haben Fohlen einen Chip erhalten. Die Chipnummer steht auch auf dem Papier. Die Nummer kann nur mit einem Transponder kontrolliert werden. Den müssen Sie sich organisieren, denn nicht jeder hat einen. Stimmt alles, auch die vorgeschriebenen Impfungen, dann müssen Sie sich mit dem Besitzer noch über den Preis einigen. Sie legen den Preis schriftlich fest, machen eine Anzahlung, vereinbaren einen Abholtermin und tauschen Ihre Anschriften aus. Den Rest der Kaufsumme bezahlen Sie beim Abholen. Es ist auch ratsam, Ihren Friesen vom Moment des Kaufes zu versichern. Der alte Besitzer schickt das Stammbuchpapier zum FPS nach Drachten, mit der Bitte um Umschreibung, oder Sie bekommen das Papier mit, um es dann selbst nach Drachten zu schicken. Das Stammbuch kontrolliert den Verkauf und Sie erhalten ein neues Papier auf Ihren Namen. Erst ab diesem Moment ist Ihr Friese wirklich in Ihrem Besitz!

Der Chip mit seiner einmaligen Lebensnummer wird abgelesen und kontrolliert. Foto: Melissen

Ein schönes dickes Strohbett. Foto: Melissen

Unterkunft

Wenn Sie Ihren Friesen zu Hause halten können, dann sollten Sie für eine geräumige Box der Größe 3,50 X 3,50 Meter sorgen. Licht, Luft und eine gute Durchlüftung sind wichtig. Ein Pferd ist ein soziales Tier, das gerne viel sieht. Stecken Sie ein Pferd nie in eine dunkle Box. Stalluntugenden aus Frustration und Langeweile können die Folge sein. Schön ist, wenn der obere Teil der Boxentür geöffnet werden kann, Ihr Friese kann dann frei in die Scheune blikken.

Bei jungen Hengsten, die noch abenteuerlustig sind, bleibt die Boxentür zur Sicherheit einfach geschlossen oder Sie schaffen sich eine Tür an, wo nur der Kopf durch kann. Es wäre sicher nicht der erste Hengst, der über die Untertür springt und alles auf den Kopf stellt. Kann Ihr Pferd nach draußen schauen, sollte die Boxentür an der windabgewandten Seite angebracht werden, um Zugluft zu verhindern.

Box

Der Boxenboden kann aus dichtem Beton oder verlegten Ziegeln bestehen. Streuen Sie über harten, kalten Boden eine Lage Sand oder legen Sie Gummimatten aus. Darauf kommt ein dickes Strohbett, das den Urin aufnehmen kann. Wenn Sie feststellen, dass Ihr Friese das Stroh lieber frisst als darauf zu ruhen, sollten Sie das Stroh gegen Späne eintauschen. Sie nehmen die Feuchtigkeit gut auf, wodurch die Box länger trocken bleibt. Beim Neubau eines Stalles sollten Sie erst einen Abfluss und einen Auffangtank für Urin anlegen. Es gibt dafür vorfabrizierte Betonplatten mit schmalen Spalten. Der Urin läuft über das Stroh, durch die schmalen Spalten und durch den Abfluss in den Tank, der regelmäßig entleert wird. Auf diesen Boden können Sie keine Gummimatten legen.

Sorgen Sie für gut isolierte Wasserleitungen und montieren Sie eine Tränke an der Wand. Kontrollieren Sie vor allem im Winter die Tränken auf Frost hin. Haben Sie keine Wasserleitung, dann müssen Sie dreimal täglich einen Eimer mit fünfzehn bis zwanzig Liter Frischwasser in die Box setzen. Montieren Sie eine Heuraufe in Augenhöhe eines erwachsenen Pferdes. Heu kann auch an einer trockenen Stelle in der Ecke auf den Boden gelegt werden. Sie werden sehen, dass Ihr Friese nie in die Ecke misten wird, wo das Heu liegt. An der Innenseite der vorderen Wand, neben der Boxentür, wird ein runder Futtertrog aus Metall für Pellets und andere Leckereien angebracht. Sie können auch noch eine Halterung für einen Leckstein anbringen. Wenn Sie Licht in der Box installieren, dann mit gesicherten, geerdeten Leitungen und geschützten Birnen. Lichtschalter und Wandsteckdosen sind immer außerhalb der Boxen!

Eine solide Boxentür. Ihr Friese kann genüsslich nach draußen schauen. Foto: Melissen

Extra sichere Boxentür

Machen Sie sich Gedanken über die Boxentür. Suchen oder machen Sie sich einen Riegel, den das Pferd nicht selbst öffnen kann. Täuschen Sie sich nicht, Friesenpferde sind schlau und basteln so lange an einem einfachen Verschluss herum, bis sie nicht mehr in der Box sind.

Eine meiner Zweijährigen konnte nach viel Experimentieren mit ihrer Oberlippe sogar einen schwierigen Riegelverschluss öffnen. Der Rest der Familie schaute aufmerksam zu. Erst ein zweiter Riegel an der Unterkante der Tür bereitete dem Spaß ein Ende. Wenn Sie zu Hause keine Möglichkeit zur Unterbringung haben, suchen Sie sich eine zuverlässige Pensionsadresse.

Sauber und trocken

Steht Ihr Friese bei Ihnen zu Hause auf Spänen oder auf gutem Stroh, nehmen Sie dreimal pro Tag die Äpfel aus der Box und streuen Sie Späne oder frisches Stroh hinzu. Damit halten Sie den Untergrund trocken.

Kontrollieren Sie dabei gleich die Tränke. Es kann passieren, dass Heu hineinfällt und die Wasserzufuhr stoppt.

Machen Sie mit dem Hufkratzer täglich die Hufe sauber.

Nehmen Sie einmal in der Woche alles Stroh aus der Box, fegen Sie bei einem glatten Boden den Sand heraus, spritzen Sie den Boden sauber aus, lassen Sie die Box eine Stunde trocknen, bringen Sie dann wieder sauberen Sand und frisches Stroh hinein.

Wasserpfützen auf den Gummimatten können Sie mit einem breiten Wischer wegnehmen.

Steht Ihr Friese auf Spänen, dann schippen Sie die trockene obere Lage ab, nehmen das Nasse heraus, spülen die Box sauber, lassen sie trocknen und streuen die alte Oberlage auf die Gummimatte oder die Lage Sand. Die frischen Späne kommen darüber. Machen Sie, während Sie sowieso dabei sind gleich die Futtertröge mit heißem Wasser sauber, gehen Sie mit dem Lappen einmal über den Leckstein.

Erziehung und Gewöhnung kann niemals zu früh beginnen. Foto: Slawik

Fütterung

Sommer

Haben Sie zu Hause Weiden, dann können Sie, abhängig vom Wetter, Ihren Friesen ab Mitte April auf die Weide lassen. In den ersten Wochen der Weideperiode ist es ratsam, das Tier nachts in die Box zu bringen und mit Heu sowie zwei Kilo Pellets zu versorgen. Geben Sie morgens noch ein bisschen Heu und ein Kilo Pellets. Ab Mitte Mai bis meist Ende Oktober ist der Weidegang allein ausreichend. Teilen Sie die Weide in Parzellen auf und lassen Sie sie Stück für Stück abgrasen. So kann sie sich immer wieder erholen. Seien Sie zurückhaltend mit Kunstdünger. Bei ausreichendem Weideland können Sie vor dem Beweiden noch Heu machen. Versorgen Sie Ihr Weideland gut. Wenn Ihr Land von Wassergräben umgeben ist, säubern Sie die Gräben rechtzeitig, entsorgen Sie den Modder und die Pflanzen gleich. Manchmal sind für Pferde giftige Pflanzen darunter. Ihr Friese braucht auch Wasser auf der Weide. Das Wasser aus Gräben ist nicht immer sauber. Füllen Sie täglich mit einem Gartenschlauch den Wassertrog. Zäunen

Wie schade, dass ich nun gerade nicht an das Heu herankomme! Foto: Stuewer

Sie sicher ein. Holzpfähle mit breitem Elektrodraht oder Gummibändern sind ausreichend. Verwenden Sie niemals Stacheldraht, im Fall einer Panik kann er entsetzliche Wunden verursachen, wenn Ihr Friese da hineingerät. Wenn Sie nur wenig Land als Auslauf haben, müssen Sie Ihr Pferd regelmäßig entwurmen und täglich die Pferdeäpfel absammeln. Es vermindert die Infektionsgefahren. Seien Sie vorsichtig bei frisch eingesätem Gras. Zuviel junges, fettes Gras kann Hufrehe oder Kreuzverschlag verursachen.

Machen oder kaufen Sie sich ein gut verschließbares Gatter. Es darf nichts hervorschauen. Wenn Sie viel Weidefläche haben, können Sie einen Schutz vor starker Sonne und Regen aufbauen. Drei Holzwände und ein Dach und schon ist es fertig. Geben Sie Ihren Friesen immer ohne Halfter auf die Weide. Sie brauchen nur, sich bewegend, irgendwo hängen bleiben und die Not ist groß.

Winter

Ihr Friese kann im Herbst solange tagsüber draußen bleiben, wie es noch recht trocken ist. Es gibt Halter, die ihre Pferde das ganze Jahr über draußen halten, aber dann muss beigefüttert werden und es muss einen Schutz vor schlechtem Wetter geben. Die Fütterung ist abhängig von Alter und Arbeit. Pferde im Sport benötigen mehr und auch anderes Futter als tragende Stuten und entwöhnte Fohlen. Sie werden überrascht sein, wie schnell sich Pferde an einen festen Tagesablauf gewöhnen. Sie hören Ihre Schritte und wiehern dann leise, um Sie zu begrüßen, aber auch, weil es nach Ihrem Kommen etwas zu fressen gibt. Mir gefiel dreimal tägliches Füttern am besten. Morgens um acht Uhr die größte Portion, dann um fünf Uhr nachmittags und abends gegen 23 Uhr den letzten Happen vor der Nacht. Bei gerade abgesetzten Fohlen können Sie mit guten Pellets für Fohlen beginnen. Machen Sie nicht den ganzen Trog voll, beginnen Sie mit einem Kilo, erhöhen

Sie es langsam auf drei Kilo pro Tag. Ist das zu viel, geben Sie weniger. Es gibt geeignete Pellets für Jährlinge und Zweijährige. Füttern Sie nach Gefühl, schauen Sie sich Ihre Pferde gut an. Füttern Sie nicht zuviel, junge Pferde sind im Wachstum, zu schnelles Wachsen belastet die Gelenke. Junge Pferde sind häufig zu fett, weil wir befürchten, sie würden nicht genug bekommen. Als Leckereien können Sie Möhren, ein paar Äpfel (ohne Stiele!), ein klein bisschen Hafer oder Vollkornbrot geben. Verfolgen Sie das Wachstum. Es gibt Präparate auf natürlicher Basis, die die Entwicklung von Skelett und Gelenken fördern. Die können Sie in Maßen verabreichen. Aber stopfen Sie Ihren Friesen nicht mit allerlei Wundermitteln voll. Sorgen Sie für ausreichend Heu und nur beste Qualität. Von altem, staubigem und schimmeligem Heu wird auch Ihr Friese krank und Husten bekommen.

Die Halbstarken

Jährlinge und Zweijährige sind wie Jugendliche in der Pubertät. Es kann sein, dass man ein wunderschönes Stutfohlen kauft, es als Jährling aber nicht mehr anschauen mag. Überbaut, der schöne Hals ist spindeldürr, der Rücken weg, eigentlich fehlen nur noch die Pickel. Trösten Sie sich, für viele sind Jährlinge hässlich. Einen Tag schauen Sie ihnen mit Tränen in den Augen hinterher, eine Woche später sind sie total verändert. Erst Ende des zweiten Jahres können Sie sehen, was aus ihnen wird. Eine Züchterweisheit besagt, dass man sich ein Pferd am besten am dritten Tag, nach drei Monaten oder drei Jahren anschaut.

Dazwischen liegt die lange Wachstumsperiode vom hässlichen Entlein zum Schwan. Und Sie sind darin ein wichtiger Faktor.

Haben Sie einen ein- oder zweijährigen Hengst, den Sie später im Sport oder in der Freizeit verwenden möchten, wird er lästig und unangenehm, dann sollten Sie ihn kastrieren lassen. Eine Kastration in jungen Jahren ist weit weniger eingreifend als bei

Das Aufbauen von Vertrauen und Freundschaft zwischen Friesen und Mensch beginnt bereits bei dem Fohlen. Foto Slawik

einem erwachsenen Hengst im Alter von sechs oder sieben Jahren. Füttern Sie junge Pferde also mit Vernunft. Geben Sie ihnen qualitativ gute Erhaltungspellets oder Spezialpellets für junge Pferde im Wachstum. Geben Sie ihm nicht jeden Tag ein Kilo extra, weil Ihr Friese so gerne frisst. Wenn Sie die Möglichkeit haben, sollte Ihr Pferd regelmäßig Bewegung haben. Sie werden aufgestaute Energien auf gesunde Weise los und es ist gut für die Muskulatur und die Gelenke.

Die Dreijährigen und Älteren

Ihr Friese ist drei Jahre alt und kommt im Herbst in den Stall. Sie longieren jeden zweiten Tag und fordern so ein wenig Kraftanspannung. Bei der Vorbereitung

Ihres Friesen auf den Sport können Sie in der Stallperiode ungefähr die Hälfte der täglichen drei bis vier Kilo Erhaltungspelletes gegen Sportpellets eintauschen. Die gibt es von verschiedenen Marken.

Erkundigen Sie sich bei einem guten Lieferanten. Überfüttern Sie nicht, wechseln Sie langsam. Ihr junger Friese muss ja noch nicht schwer arbeiten, deshalb brauchen Sie ihn auch nicht zu füttern als ob er jede Woche Hochleistungen erbringen muss. Schauen Sie sich die Pferdeäpfel an, ob das Futter gut verwertet wurde. Teure Pellets zu füttern ist sinnlos, wenn sie so wieder herauskommen. Vergessen Sie nicht, ihrem schwarzen Racker zu bestimmten Zeiten Leckereien wie Möhren und Äpfel anzubieten.

Füttern Sie Ihrem Friesen erst spezielle Pellets, wenn Sie zusammen richtig hart arbeiten. Schauen Sie sich selbst an. Ihre eigene körperliche Kondition wird auch bestimmt durch gute und gesunde Ernährung, regelmäßige Bewegung und ab und zu etwas Besonderes wie ein Glas Wein, und nicht durch geheimnisvolle Wunderpillen. Ein durchdachtes System von Füttern und Trainingsaufbau gibt Ihrem Friesen Kondition. Sie können dann eine Dressurprüfung reiten, ohne dass Ihr Friese nach Luft ringt, und mit der Kutsche ausfahren, ohne dass er vor Müdigkeit stehen bleibt.

Steht Ihr Friese im Stall und muss nicht arbeiten, sind drei bis vier Kilo Erhaltungsfutter pro Tag, viel Heu, Wasser und ein paar leckere Happen ausreichend. Geben Sie einer Stute in den letzten Monaten der Trächtigkeit spezielle Pellets für tragende Stuten. Nach der Geburt des Fohlens füttern Sie Pellets, die die Milchproduktion fördern.

Sorgen Sie nicht nur für das körperliche Wohlbefinden Ihres Friesen, denken Sie auch an den Rest. Ein Pferd, das den ganzen Tag allein steht und niemanden sieht, kann aus Langeweile böse, bissig oder lustlos werden und verkümmern.

Nehmen sie für den Schweif nur eine weiche Bürste. Foto: Slawik

Pflege

Mähne, Schweif und Fesselbehang sind die Zier Ihres Friesen. Sie verdienen Ihre besondere Aufmerksamkeit. Das FPS verbietet das Schneiden und Scheren, aber das ist nicht immer möglich. Wenn von allem viel zu viel da ist, dann dürfen Sie Mutter Natur schon ein bisschen helfen, damit es schön bleibt. Es sind sicher nicht alle Friesen mit einer gewaltigen Mähnenpracht, vollem Schweif und reichem Fesselbehang gesegnet. Seien Sie zufrieden mit dem, was da ist. Putzen Sie jede Woche gründlich, bürsten Sie Ihren Friesen jeden Tag und arbeiten Sie mit sauberen Utensilien. Reinigen Sie Bürsten und Kämme nach jedem Putzen.

Was ist erlaubt, damit Ihr Friese blitzblank auf einer Zuchtschau aussieht? Bei Fohlen sieht es ordentlich aus, wenn die Haarbüschel, die aus den Ohren wachsen, weggeschnitten werden. Nehmen Sie dazu eine Schere mit abgerundeten Spitzen. Schneiden Sie niemals zu tief ins Ohr hinein und lassen Sie Haare auf der Nase stehen. Die langen Haare am Unterkiefer dürfen Sie mit der gleichen Schere in Wachstumsrichtung wegschneiden. Wenn Sie direkt nach der Geburt das Fohlen an das Halfter gewöhnen, ist das nicht schwierig. Bürsten Sie das Fohlen mit einer weichen Bürste. Waschen ist nicht zu empfehlen, Sie nehmen das Hautfett weg und dann kann es sich leicht erkälten. Fohlen im Sommerkleid werden mit etwas Olivenöl auf einem weichen Tuch besonders glänzend. Schafwolle hat den gleichen Effekt.

Bei Jährlingen und älteren Friesen schneiden Sie nach dem Waschen die Ohren und die Unterseite des Kiefers. Auch schneiden Sie die langen Haare an der Rückseite des Vorderfußwurzelgelenkes und der Ferse bis zum Fesselkopf hinunter, und Sie setzen die Hufe ins Öl oder ins schwarze Huffett. Mähne, Schweif und Fesselbehang machen Sie getrennt. Es gibt Menschen, die die Haare in den Ohren und unter dem Kiefer mit einer Kerze oder einem Feuerzeug wegsengen. Machen Sie das nicht. Pferde können sich durch die Flamme, das Knistern und vor allem dem Geruch von verbranntem Haar enorm erschrecken. Ich werde die Jährlingsstute nie vergessen, die stieg, hinten überkippte und sich das Genick brach. Nehmen Sie lieber eine sichere Schere. Seien Sie vorsichtig mit Sprühdosen. Das Gezisch von entweichendem Gas verängstigt viele Pferde.

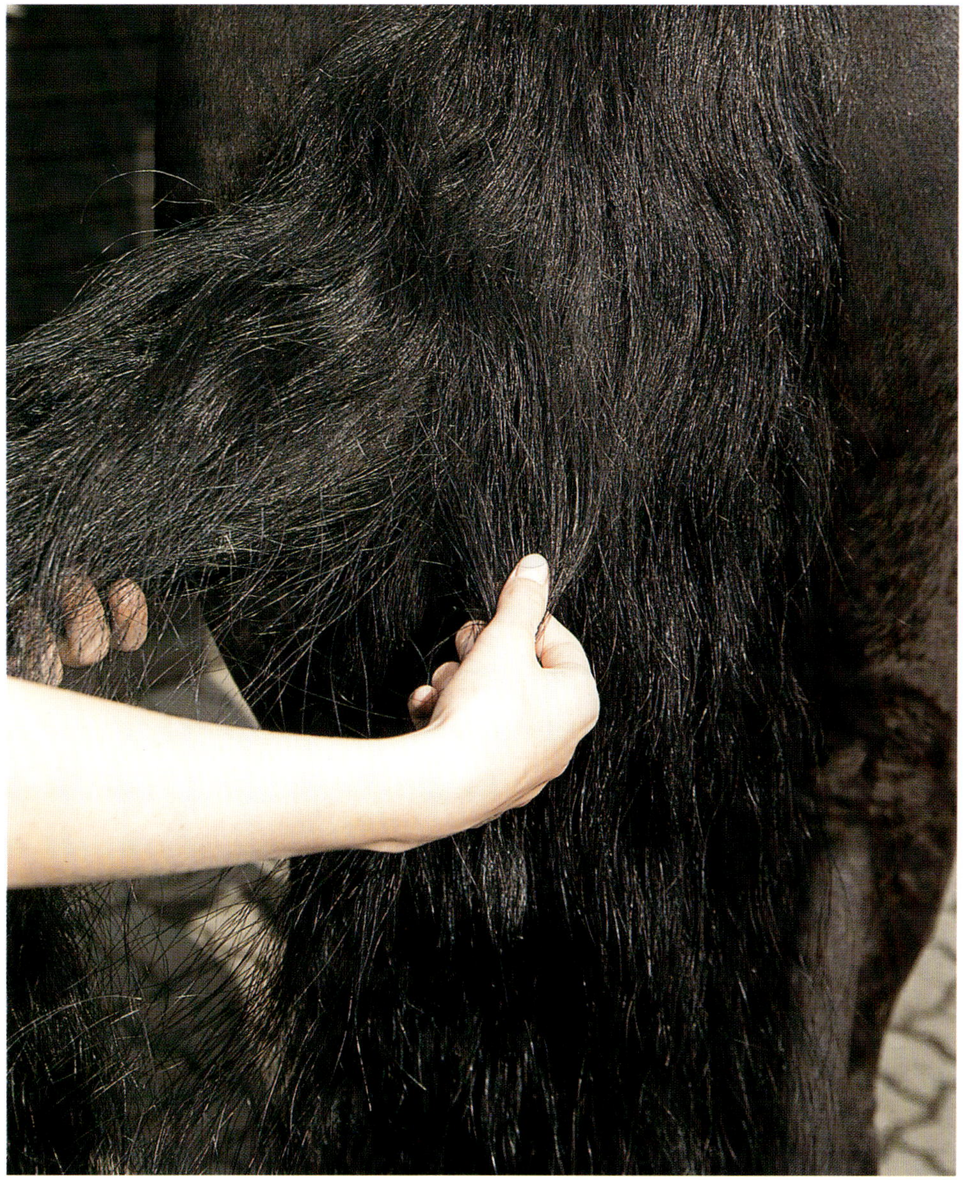

Am besten mit den Fingern durchkämmen, um eventuelle Verknotungen und Kletten zu lösen. Foto: Slawik

Mähne und Schweif

Waschen Sie die Mähne und den Schweif alle ein bis zwei Wochen mit einem guten Shampoo. Verwenden Sie neben dem Shampoo eine Spülung oder Glanzmittel. Lassen Sie es einziehen und spülen es mit viel lauwarmem Wasser und einem Spritzer Naturessig aus. Drücken Sie mit einem Handtuch das meiste Wasser aus der Mähne und dem Schweif. Gehen Sie erst mit Ihren Fingern durch, bevor Sie mit einem sauberen und groben Kamm die Mähne und den Schweif vorsichtig auskämmen. Die meisten Friesen haben von Natur aus eine gewellte Mähne und einen gewellten Schweif. Einflechten und dann die vorher durchgekämmte Mähne trocknen lassen bringt noch mehr Wellen. Je dünner die Zöpfe, desto mehr Wellen. Das ist Geschmacksache. Nach dem Waschen wirkt eine dünne Mähne eingeflochten viel kürzer, als wenn sie natürlich trocknet und ausgebürstet wird. Flechten Sie immer ein Band oder einen Wollfaden mit ein. Dann haben Sie beim Öffnen weniger Durcheinander.

Sie dürfen also nicht schneiden. Sie dürfen aber eine Façon geben. Lassen Sie die Mähne natürlich trocknen, dann sehen Sie, wo Sie unauffällig nacharbeiten können. Um die ganze Mähne auf dieselbe Seite des

Die von Natur aus wellige Mähne. Foto: Slawik

Der dicke, volle Schweif eines Friesen. Foto: Slawik

Halses zu bekommen, flechten Sie die überhängende Mähne nach dem Waschen mit Teilen zusammen, die richtig fallen.

Eine lange, wallende Mähne über Ihren Händen kann beim Reiten lästig sein. Ein durchgehender Zopf an der Unterseite der Mähne oder die ganze Mähne in einem französischen Zopf ist erlaubt und sieht schön aus. Auch den Schweif müssen Sie in Ruhe lassen. Friesen haben häufig einen vollen, bis auf den Boden reichenden Schweif. Das ist schön, aber auch lästig. In der Box kommen die Schweifspitzen in Kontakt mit Urin und Mist, viel höher ist allerdings das Risiko, dass sie darauf treten. Das kostet ganze Haarbüschel und ist darüber hinaus eine schmerzhafte Erfahrung, denn das Haar wird mit einem Ruck aus der Schweifwurzel herausgezogen.

Schneiden Sie den Schweif eine Handbreit über dem Boden gerade ab. Etwas kürzer geht auch noch, aber in keinem Fall über dem Fesselgelenk, das ist weniger schön. Halten Sie den Schweif sauber. Holen Sie Knoten und Kletten mit Ihren Fingern heraus, nicht mit einer harten Bürste, damit würden Sie viel zu viele Haare herausziehen. Schubbert sich Ihr Friese regelmäßig die Schweifwurzel an der Boxenwand oder am Gittern, kontrollieren Sie die obere Seite der Schweifwurzel. Es ist möglich, dass Insekteneier dort Juckreiz verursachen. Entwurmen Sie auch im Stall regelmäßig.

Fesselbehang

Schöner dichter Fesselbehang gehört zu einem Friesen. Halten Sie ihn sauber. Waschen Sie die Beine zweimal pro Woche in der Stallperiode mit einem desinfizierenden Shampoo, trocknen Sie sorgfältig mit Handtüchern ab und kontrollieren Sie mit den Fingern auf Mauke. Stallhygiene ist ein absolutes Muss.

Eigentlich dürfen Sie den Fesselbehang nicht schneiden. Aber wenn Sie einen Friesen mit starkem Behang haben, muss es doch mal gemacht werden. Die langen Haare an der Rückseite der Beine können Sie wegschneiden, dadurch erhalten Sie ein schönes, zierliches Bein, das unten in den Fesselbehang übergeht. Ist der Fesselbehang sehr dick und voluminös, können Sie mit einer Ausdünnschere vorsichtig die Form schmälern. Zum Schluss pinseln Sie Öl oder Huffett auf die Hufe. Es ist schon ein bisschen Arbeit, aber dann haben Sie auch einen blitzsauberen, schön zurecht gemachten Friesen.

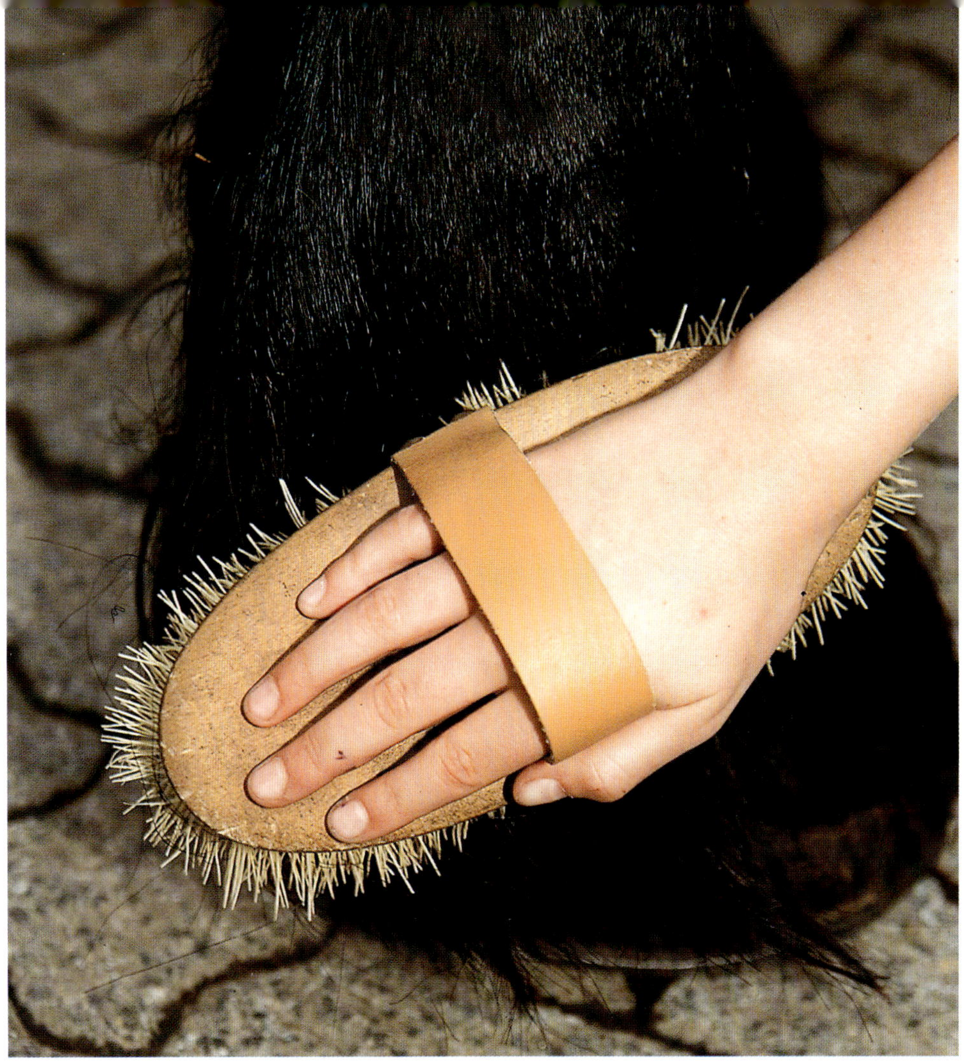

Die Fesselbeugen sollten regelmäßig auf Mauke kontrolliert werden. Verwenden sie für den Fesselbehang eine weiche Bürste. Foto: Slawik

Gesundheit, Krankheiten, Hufschmied

Ein Friese mit einem netten Zuhause, der vernünftig gefüttert, versorgt und gearbeitet wird, ist meistens auch ein gesunder Friese. Friesenpferde sind nicht mehr und nicht weniger krankheitsanfällig als andere Pferde. Sie persönlich sind für sein Wohlergehen verantwortlich. Meistens erkennen Sie schnell genug, ob mit Ihrem Friesenpferd etwas nicht in Ordnung ist. Suchen Sie sich einen guten Tierarzt, der sich mit Pferden auskennt. Lassen Sie Ihren Friesen gegen Influenza impfen, kontrollieren Sie den Pass für die rechtzeitige Wiederholungsimpfung. Ein gesundes Pferd, das an Turnieren teilnimmt oder viel mit anderen Pferden in Kontakt kommt, hat ausreichende Widerstandskräfte, aber bleiben Sie aufmerksam. Vereinbaren Sie mit Ihrem Tierarzt, dass er einmal im Vierteljahr vorbeikommt, um sich Ihren Friesen anzuschauen.

Es kann geschehen, dass Ihr Pferd plötzlich lahmt. Vielleicht ist Ihr Friese in etwas hineingetreten und es hat sich ein Hufgeschwür gebildet, oder er ist ausgerutscht und die Muskulatur ist steif.

Es kann auch sein, dass Sie nach einer Ruheperiode hart gearbeitet haben und es zuviel war. Die meisten Lahmheiten kann man mit Ruhe kurieren. Beraten Sie sich mit Ihrem Tierarzt, den Sie sofort rufen müssen, wenn Ihr Friese aus unerklärlichen Gründen nicht mehr frisst oder plötzlich hohes Fieber hat.

Mauke

Friesenpferde können aufgrund ihres Fesselbehanges eher Mauke bekommen. Die Infektion beginnt meist in der Fesselbeuge und zieht dann am Bein hoch. Ohne Behandlung wird das Pferd letztendlich lahm. Mauke kommt häufig, wenn nach dem Waschen Fesselbeuge und Behang nicht gut trocknen, weil sie beispielsweise in nassem und dreckigem Stroh stehen oder zu lange auf nasser und modderiger Weide bleiben. Die Haut quillt und gibt stinkende Feuchtigkeit ab. Es entstehen Krusten, Schuppen und Risse. Unter dem häufig üppigen Behang und in der warmen Fesselbeuge kann der Prozess ungesehen seinen Anfang nehmen.

Bürsten sie die Socken vorsichtig. Foto: Slawik

Wenn Ihr Friese regelmäßig mit seinen Hinterbeinen stampft oder mit einem Huf über das andere Hinterbein reibt, dann sollten die Alarmglocken bei Ihnen läuten. Aufgrund der vielen Haare ist es schwierig, Mauke zu erkennen. Es gibt nur eine Lösung: Tasten Sie mit den Fingern, ob Sie Krusten fühlen. Schneiden Sie das Haar aus der Fesselbeuge und an der Rückseite des Fesselgelenkes soviel wie möglich weg. Trösten Sie sich, es wächst wieder. Waschen Sie die Stellen mit desinfizierender Seife, spülen Sie nach und trocken Sie die Fesselbeuge und die Rückseite des Fesselgelenkes mit einem sauberen Handtuch. Tragen Sie Vaseline oder Maukesalbe auf die Stellen auf.

Ein altes friesisches Hausmittel ist das Einschmieren mit altem Motoröl. Eine schmierige Angelegenheit, aber sie hilft. Sehr wichtig dabei ist, dass die Haut heilt und weich bleibt. Schauen Sie täglich nach und wiederholen Sie die Behandlung. Mauke zu bekämpfen ist eine Sache der Geduld. Passen Sie auch die Arbeit Ihres Pferdes an. In den trockenen Sommermonaten werden Sie weniger Probleme haben. Kontrollieren Sie die Fesselbeuge regelmäßig und halten Sie sie weich. Wenn Sie an der See wohnen, sollten Sie gegen Mauke jeden zweiten Tag eine Stunde im Wasser Schritt gehen, am besten bei ankommender Flut, das hilft enorm.

Hufschmied

Mein Reitlehrer meinte, ein guter Hufschmied ist fast wichtiger als ein guter Tierarzt. Sie sind erfahrene Pferdekenner, Sie sehen alle möglichen Pferde und haben alles Mögliche bereits mitgemacht. Als meine Xerxina noch lebte, erkannte sie die Stimme des Hufschmiedes Tjerk Bekius sofort. Ich holte sie aus der Box, band sie an, und er machte sich an die Arbeit. Er brummelte und sie hob das Bein, ließ sich die Hufe ausschneiden und schnüffelte an ihm herum. Nach dem letzten Hinterbein lief er vor, klopfte ihren Hals und sagte: „Fertig Mädchen" und dann wußte Xerxina, was die Uhr geschlagen hatte. In der Tasche des Overalls gab es immer ein paar versteckte Brocken und die waren für sie. Alle zwei Monate war es ein festes Ritual.

Ihren Friesen in ersten drei Jahren alle acht Wochen ausschneiden zu lassen, ist vollkommen ausreichend. Lassen Sie sechs Wochen nach der Geburt des Fohlens den Hufschmied kommen. Er kann durch die Art und Weise des Ausschneidens den Beinstand, wenn nötig, korrigieren. Ein- und zweijährige Pferde brauchen keine Hufeisen, auch wenn das Beschlagen vorne oder rundum in den letzten Jahren in Mode gekommen zu sein scheint. Machen Sie das nicht, belasten Sie die Gelenke im Wachstum nicht unnötig. Halten Sie die Hufe sauber und in gutem Zustand, indem Sie sie ein paarmal in der Woche mit Huffett einschmieren. Erst auf der Straße sind Eisen notwendig. Beginnen Sie mit leichten Reitpferdeeisen. Wenn Ihr Friese Probleme mit den Hufen hat, dann ist Ihr Hufschmied der Fachmann für einen entsprechenden Beschlag. Nehmen Sie die Eisen ab, wenn Ihr Friese für eine Zeit auf die Weide geht. Bei Arbeit ist es vernünftig, alle zwei Monate ausschneiden und Eisen umschlagen oder erneuern zu lassen. Und denken Sie daran, dass die Eisen den Huf schützen sollen und nicht da sind, damit Ihr Friese gezwungen wird, seine Vorderbeine himmelhoch zu heben. Nehmen Sie ein paar Wochen vor der Geburt des Fohlens auch bei Ihrer tragenden Stute die Eisen ab. Es ist sicherer für sie und das Fohlen.

Nachwort

Der verstorbene Germ Hettinga sagte mal in einer Ansprache vor dem „Fries Paardenballet“ in Sonnega: „Wo Friesenpferde sind, beginnt die Kultur“. Er sagte es zwar mit einem Lächeln, aber meinte es aus tiefstem Herzen. Es gibt noch viel mehr über das Friesenpferd zu erzählen. Über die Zucht, das Stammbuch, die Deckhengste, besondere Stuten, Züchter, Zuchtschauen, Traditionen und die Verwendung im Sport. Wir haben versucht, Ihnen die Welt näher zu bringen, in die Sie eintreten, wenn Sie im Besitz sind oder in den Besitz einer so wunderschönen schwarzen, fürstlichen Erscheinung auf vier Beinen kommen: das Friesenpferd.

Elegante, stolze, pechschwarze und fürstliche Geschichte auf vier Beinen: das Friesenpferd. Foto: Slawik

Anhang

Koninklijke Vereniging
"Het Friesch Paarden-Stamboek"
Postlaan 1A
NL - 9204 DT Drachten, Niederlande.
Tel.(00-31) 0512 - 523888
Fax 0512 - 532146
E-mail: mail@fps-studbook.com
Internet: www.fps-studbook.com
Sitz der „World Friesian Horse
Organisation (WFHO)"

1879 errichtet, hat sie EU-Anerkennung und ist das Mutterstammbuch für die offiziell anerkannten Tochtervereinigungen im Ausland. Aufgabe: Zentrale Registrierung und Identifikation von Friesenpferden im Besitz ihrer Mitglieder, Vereinsmanagement, Zuchtberatung und Zuchtleitung auf der ganzen Welt aufgrund von Statuten und Reglements, Werbung und Information. Identifizierung von Friesenpferden: 1973-1996 tätowierte Ziffernkodierung an der Zungenunterseite, seit 1997 mit Chip.

Fohlen und Stuten

Prämien für Fohlen: Nach der Begutachtung durch eine FPS-Kommission auf einer Stammbuchkörung oder einem Zuchttag mit einer ersten Prämie (orange Schleife), zweite (rote Schleife), dritte (weiße Schleife).

Prädikate für Zuchtstuten: Stammbuch Brandzeichen „F" auf der linken Halsseite (gelbe Schleife); Stammbuch dritte Prämie Brandzeichen „F", idem, (weiße Schleife); Stammbuch Ster Brandzeichen „FS", idem, erste Prämie (orange Schleife), zweite (rote Schleife); Stammbuch Model Brandzeichen „M", in der Mitte über „FS". Seit 1999 dürfen Friesenpferde in Deutschland kein Brandzeichen mehr erhalten, ihre Prädikate werden nur im Stammbuchpapier vermerkt.

Preferent: Eine Friesenstute wird „preferent" erklärt, ungeachtet ob sie Stammbuch, Ster oder Model ist, sofern mindestens vier ihrer Nachkommen mit dem Prädikat „Ster" in das Stammbuch aufgenommen worden sind.

Prestatie-Stute: Eine Friesenstute erhält das Prädikat „Prestatie", ungeachtet ob sie Stammbuch, Ster oder Model ist, sofern mindestens drei ihrer Nachkommen im Sport herausragende Ergebnisse erzielt haben.

Die Aufnahme von Stuten und/oder die Graderhöhung erfolgt nach einer Körung durch eine FPS-Kommision, sofern die Stute drei Jahre alt geworden ist.

Das FPS führt auch sogenannte Beibücher, hier werden mit Zustimmung des FPS Nachkommen eingetragen, die aus der Verbindung mit einer Stammbuchstute und einem nicht in den Niederlanden stationierten Fohlenbuchhengst hervorgegangen sind. Prädikate und Prämien werden vom FPS-Sekretariat in Drachten auf dem abgegebenen Stammbuchpapier eingetragen.

Hengste können in dem Jahr, in dem sie drei Jahre alt werden, auf der Hengstkörung in Leeuwarden vorgestellt werden. Sie müssen ein Stockmaß von 1.58 Meter oder mehr haben, sie müssen eine ausreichende Spermaqualität, einen OCD-Test und nicht vorhandenen Fuchsfaktor nachweisen. Für vierjährige und ältere Hengste gilt ein Mindeststockmaß von 1.60 Meter. Der vorgestellte Hengst sollte aus einer guten, prädikatreichen und fruchtbaren Zuchtlinie kommen. Hinsichtlich Exterieur muss er Kriterien erfüllen, wie rassetypisches Äußeres (schwarz, möglichst ohne Abzeichen, ausdrucksstarker Kopf mit schönem Hals und Ansatz, ausreichend Behang, Front), makelloses und trockenes Fundament mit guten Hufen und überragende Bewegung zeigen. Die Körung besteht aus drei Besichtigungen. Die letztendlich Auserwählten gehen nach einem DNA-Test nach Drachten ins Friesenzentrum (FPC) zur Hengstleistungsprüfung. Diese dauert 70 Tage. Nach dem Endexamen übergibt die FPS-Körkommission die Ergebnisse dem FPS-Vorstand, der dann darüber entscheidet, welcher Hengst zum Deckdienst zugelassen wird. Nach seiner Zulassung erhält der Hengst seinen offiziellen Namen, Stammbuchnummer und ein „F"-Brandzeichen auf der linken Halsseite. Der Hengst darf dann vier Saisons maximal 150 Stuten pro Jahr decken. Im fünften Jahr werden 20 seiner dreijährigen Nachkommen im FPC gestestet. Diese Ergebnisse sowie die Resultate seiner Nachkommen bei Körungen und Zuchtschauen entscheiden darüber, ob der Hengst seine Karriere als Deckhengst fortsetzen darf. Sind die Ergebnisse negativ, dann wird der Hengst abgekört, er darf dann nicht mehr decken und verschwindet aus der Zucht. Wird der Hengst auf Nachkommen gekört, dann darf er jährlich maximal 250 Stuten decken, exklusiv ausländischer Stuten. Ein gekörter Hengst muss auf der Hengstkörung erscheinen. Nur mit FPS-Erlaubnis (häufig für die ältesten Hengste) darf ein Hengst zu Hause bleiben.

Hengste mit einer außerordentlichen Qualität können aufgrund ihrer Zuchtresultate und der sportlichen Leistungen ihrer Nachkommen „Preferent" erklärt werden. Es ist ein selten verliehenes Prädikat. In der Periode von 1967 bis 2000 wurden die Hengste Ritske 202, Mark 232, Wessel 237, Hearke 254, Oege 267, Reitse 272 und Feitse 293 vom FPS „Preferent" erklärt. Nur Feitse lebt noch.

Wichtige Adressen

Deutschland

„Deutsche Friesenpferde-Züchter
im FPS-e.V." (DFZ), Deutschland
Herr H. Eberhardt
Breite Steinstraße 9
D 37186 Moringen
Tel. ++49-5551-4253
Fax ++49-5551-65669
e-mail: DFZ-Northeim@T-Online.de
Internet: http://www.df-z.de/

Friesenpferde Zuchtverband e.V. (FPZV)
Staatlich anerkannte Züchtervereinigung
Büro: Gut Brückenhaus
D 40822 Mettmann
Tel ++49 20558 72 901

Österreich

„Freunde des Friesenpferdes, Österreich"
(FFÖ)
Frau K. Elsenwenger
Eugenbach 3
A-5301 Eugendorf, Österreich
Tel. ++43 -6225-8214
Fax: ++43-6225-821430

Schweiz

„Friesenpferde-Verband Schweiz", (FVS)
Herr J. Hüsler,
Steinacker 4,
CH 6145 Fischbach, Schweiz,
Tel. ++41-41-9882203,
Fax::++41-41-9882252,
e-mail: j.huesler@bluewin.ch,
Internet: http://www.friesenpferde-verband.ch

Vom FPS anerkannte Tochtervereinigungen im übrigen Ausland

„Association Française du Cheval Frison"
(AFCF), Frankreich
Mdm. N. Dumont
7 Rue du Ponceau
F-02140 Burelles
Tel. ++33-23982589

„Dansk Frieser Forbund" (DFF) Dänemark
Frau B. Marskot, „Brandbjerggård"
Korshojgårdsvej 5
DK-3670 Vekso
Tel.++45-4217-1704
Fax ++45-4217-2442

„Belgisch Stamboek van het Friese paard"
Herr J. Vrolix
Steenweg naar Neeroeteren 6
B-3650 Elen-Dilsen, Belgien
Tel. ++32 -89-865619

„Friesian Horse Association of North
America" (FHANA), USA en Canada
Mrs. G. Souza
P.O. Box 1809
Sisters OR. 97759 USA
Tel. ++1-541-5491248

„Australian Friesian Horse Society"
(AFHS), Australië
Herr M. van der Heiden
P.O. Box 483
Mount Compass 5210, South Australia
Tel. ++61-8-8554 9543

„Die Vereniging van die Friesperd
Stamboek van Suider Afrika"
(VFSSA) Südafrika.
Frau K. Schimmel
Postbus 2,
Laezonia 0026
Pretoria, Südafrika
Tel. ++27-12-6690844

„Svenska Frieserhästföreningen"
(SFF) Schweden.
Frau A.M. Johansson Hjälmestad 1436
S-387 91 Borgholm, Schweden
Tel ++46-485-26032

„Friesian Horse Association of Great
Britain and Ireland Ltd."
Mrs. I. Lyndon-Stanford
Wingfield Castle
Diss, GB-Norfolk IP21
5RB England
Tel./Fax ++44-1379-384748

„Chevaux Frison Luxembourg" (CFL)
5, Rue de la Moselle
L-5434 Niederdonven
Luxemburg

„Freunde des Friesenpferdes Liechtenstein"
(FFL), Herr H. Büchel,
Postfach 59
CH-9491 Ruggel
Schweiz

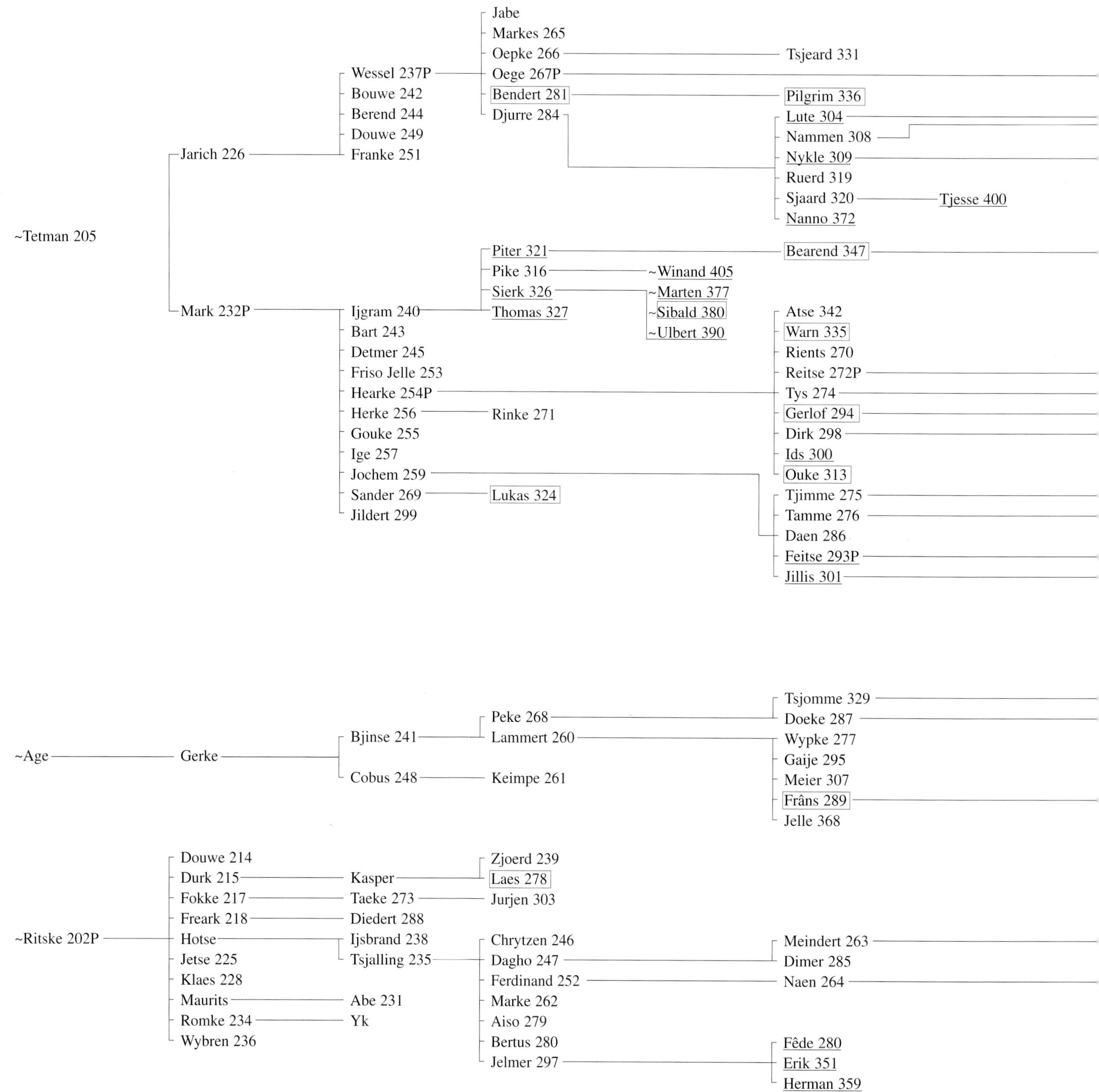

Legende: **unterstrichen:** Hengste, die in den Niederlanden im Deckeinsatz stehen **eingerahmt:** Hengste, die außerhalb der Niederlande im Deckeinsatz stehen

STAMMBAUM DER F.P.S.-HENGSTE

P = Preferenter Hengst
Fett = Linienbegründer

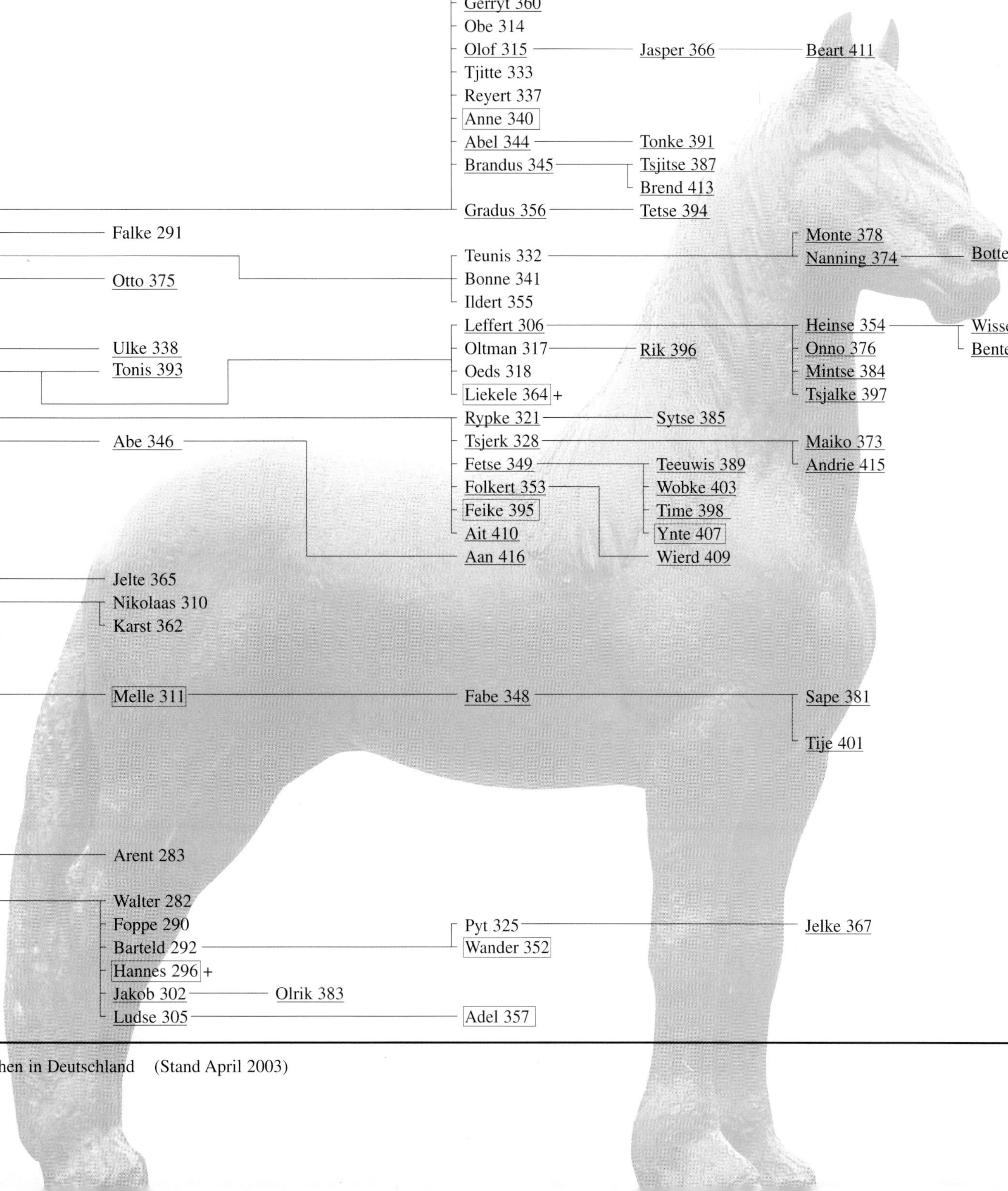

Wibe 402
Lolke 371
Jitse 361
Anton 343 — Teade 392
Ritse 322 — Wikke 404
Remmelt 323 — Tsjipke 399
Tieme 330
Riemer 379
Wicher 334 — Rintse 386
Krist 358
Karel 370
Jorrit 363
Ielke 382
Goffert 369
Gerryt 360
Obe 314
Olof 315 — Jasper 366 — Beart 411
Tsjibbe 388
Tjitte 333
Reyert 337
Anne 340
Abel 344 — Tonke 391
Brandus 345 — Tsjitse 387, Brend 413
Gradus 356 — Tetse 394
Falke 291
Monte 378
Teunis 332 — Nanning 374 — Botte 414
Otto 375
Bonne 341
Ildert 355
Leffert 306 — Heinse 354 — Wisse 408, Bente 412
Ulke 338
Oltman 317 — Rik 396
Onno 376
Tonis 393
Oeds 318
Mintse 384
Liekele 364 +
Tsjalke 397
Rypke 321 — Sytse 385
Abe 346
Tsjerk 328 — Maiko 373, Andrie 415
Fetse 349 — Teeuwis 389
Folkert 353 — Wobke 403
Feike 395
Time 398
Ait 410
Ynte 407
Aan 416
Wierd 409
Jelte 365
Nikolaas 310
Karst 362
Melle 311 — Fabe 348 — Sape 381, Tije 401
Arent 283
Walter 282
Foppe 290
Pyt 325 — Jelke 367
Barteld 292 — Wander 352
Hannes 296 +
Jakob 302 — Olrik 383
Ludse 305 — Adel 357

\+ Hengste, stehen in Deutschland (Stand April 2003)